德國公民啟蒙哲學讀本

哲學直播室

與柏拉圖、康德、亞里斯多德等大師對談，解構18大經典哲學思想

Kant & Co. im Interview: Fiktive Gespräche mit Philosophen über ihre Theorien

初版原中文書名：哲學叩應：德國人手一本的哲學課參考書，與柏拉圖、康德、亞里斯多德等大師對談，解構18大經典哲學思想

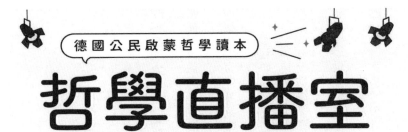

目錄

前言

哲學史上有重大意義的哲學理論，常常讓學生不太能理解，因為許多原文本身的語句較困難，或者這些文本內容要求「抽象思考」的程度太高。另一方面，某些文本的理論結構太過複雜，所以如果一開始找不到方向，通常就很難再找到這套論述的入口。因上述這些原因，在課堂上分析一篇哲學文本，或者重建一套辨證進程，經常非常辛苦、費力。

此書提供了一個破解法，帶大家從這種令人喪志的情況中走出來。在重要哲學文本中常見的想法與理論，以及在十～十二，或者十一～十三年級必須學習的哲學課程中，此書提供了一種較平易近人的句法和展述。

此書的處理方式，是以「虛擬對話」來呈現轉換過的原文文本。除了讓人較好理解之外，還有一個優點：透過特定論述的精挑細選、核心思想的總結及思考的演進，都可以讓教學更簡單，也較有機會讓教師補充、解釋艱澀的內容。

除此之外，這類文本對學生來說，也比較容易產生動機（儘管最後不是因為表述的方式）。此書中展示的對話是寫給青少年看的，因此這些對話都扣緊青年的生活——

以專家（哲學家）與業餘人士（學生、節目主持人、工人或者機構理事主席）的對話來進行。

所有的對話，基本上都會鑲入一個背景情境，可能是青少年穿越時空到雅典見柏拉圖、到英國見邊沁、彌爾或者到美國見彼德·辛格；也可能是洛克和休謨（David Hume）穿越時空到了現代，在中學課堂演講或者回答問題；或是霍布斯、洛克和盧梭共同主持電視論壇；康德、狄爾泰（Dilthey）與波普爾（Popper）在電視訪談節目裡介紹他們的理論；也可能是一個學生打電話給蓋倫或者在夢中遇見康德。

書中展示的對話從人類學、倫理學、國家哲學，到認知及科學哲學等。為了幫助理解，這些討論也可以其他資料補充。

此書也適合給所有想研究哲學思考，並想以有趣的方式，理解重要哲學理論概念的人。

第 1 堂課

如何證明人類是一種匱乏的存在？（阿爾諾德・蓋倫）

阿爾諾德·蓋倫（德）
Arnold Gehlen

時期：1904 – 1976 年

討論書目：
《人類、人類的天性
與人類在世界上的地位》
（Man, His nature and Place
in the World）

阿爾諾德・蓋倫是重要且富有爭議的德國哲學家和社會學家，也是哲學人類學的主要代表。1943 年，他加入德意志國防軍參戰，二戰結束後，蓋倫經歷一段去納粹化的過程，之後於施派爾一所學院任教。

丹尼爾坐在書桌前，一如到目前為止的每個晚上。桌上攤開的，是他的哲學日記。他寫日記已經有一段時間了，當他腦中出現有趣的想法，或是當他遇到感興趣的哲學理論時，他總會將這些寫入紅色鑲黑邊的日記本裡。

這幾天以來，他一直在研讀阿爾諾德·蓋倫的主要作品《人類、人類的天性與人類在世界上的地位》，他尤其關注的問題是：和其他的動物相較之下，應該如何審視人類？但是他還不能將他的想法轉換成文字，因為蓋倫所提出的一些觀點，他還沒有完全想通。為了確定他的想法是正確的，他查了查蓋倫的電話號碼，打電話問他。

丹尼爾　晚安，蓋倫先生。我叫丹尼爾，是十一年級（台灣高中二年級）的學生。我在研讀您的作品《人類、人類的天性與人類在世界上的地位》時，遇到了一些問題。不知道您有沒有時間，可以幫助我理解您的文字，解答我的問題？

蓋　倫　有有，當然有時間！我反而還很高興終於有人對人類學感興趣了，不知道為什麼，這幾年來，人類學無緣無故的被冷落在一旁。

丹尼爾 哦，是嗎？那我就不跟您客氣了。您對人類的論述始於將人類解釋為生物中的「特殊模式」，然後導出謝勒（Scheler）等級模式（Stufenschema）理論是不可取的，接著在書中的第三章裡，您提出「人類是不完美的生物」這個概念。

・如何推論出「人類是不完美的生物」？

蓋倫 對的。我們只要將人類放在生物學的放大鏡下觀察，馬上可以看出，人類在世界上所占據的特殊地位。在我們看放大鏡之前，我還想對謝勒的等級模式理論說幾句話。我們不能輕信他的理論，因為這個理論容易讓人混淆不清。根據他的見解，人類與動物間的差別主要是在智力的層面上，尤其在一種非常特殊的性質上，他稱此性質為「精神」（Geist）。

但是，如果人類和動物已經在身體動作、處事方式、發聲與智慧上互不相同，像大家都知道的物種起源學說所稱，那麼我們就不能將兩者的差異，降低到僅僅只在「精神」。我們同樣必須在身體的行動模式上，也能證明兩者間的差異。

所以，我主張人類是有判斷能力、能夠採取行動的生物。而這個定義在謝勒的等級模式中無法占有一席之地，因為他的論述沒有說明，在人類首先是動物的前提下，精神是不是附加的。如果將人類放在生物學的角度來觀察，我們很快就能確信：人類間有一個一直無間斷的結構規範存在著，而這個規範就是人類與動物間基本的差異。

丹尼爾　所以您得出人類是不完美的生物（匱乏的存在）這個結論。

蓋　倫　首先，我不敢居功，我不是指出人類的匱乏存在的第一人。在一七七二年，約翰·戈特弗里德（Johann Gottfried）在他的著作《論語言的起源》（Abhandlung vom Ursprung der Sprache）中已經提過這個概念，而且這個概念最終還是要回溯到古希臘神話普羅米修斯（Prometheus）身上。為了回答你的問題，我們必須小心正確的說，我在形態上（morphologisch）確定人類與所有高等哺乳動物相反，人類是一種以「匱乏」為特徵的生物。

丹尼爾　形……什麼？

蓋倫　「形態上」的意思是「根據形態、樣貌來說是……」或者「就外表、形狀而言，符合某種……」。如果你仔細觀察人類，你可以確定，人類的匱乏從精確的生物學意義上來說，可以以下三點表示：

a. 無法適應的　b. 無專精的　c. 原始的

我們也可以說，人類是未發展的，因為未發展，所以本質上被視為是負面的。

丹尼爾　人類未發展是到怎麼樣的程度？我們所需要的一切，我們身上不是都有了嗎？難道不是嗎？

蓋倫　喔，不是哦！你稍微看一下比較高等的哺乳動物，你就會了解為什麼我們是未發展的。我們是匱乏的生物，因為：

1 人類缺乏自然的披身毛髮，所以缺乏對抗氣候的護身遁甲（至少在我們生活的緯度中是這樣）。

2 人類缺乏自然的攻擊器官或者利於逃遁的身體構造。

3 大部分的生物在感官上的敏銳度，都遠遠超越人類。

4 人類被上天配給很少的自然直覺本能。這幾乎就是致命的匱乏。

5 幾乎所有的哺乳動物，需要被保護的時期都很短，但是人類不一樣。人類不止是在嬰兒時期需要雙親或者單親的呵護照料，孩童時期也同樣需要，而且當今社會的孩童時期大約延至生命的第十八年。

6 人類缺乏相對應的牙口，無法確認此人到底是草食還是肉食動物。不不不，人類的牙齒是不確定的，這讓他同時可以既是草食者又是肉食者。

7 人類的手臂、腿及腳都沒有特殊設置。

丹尼爾　您的這些主張都有根據嗎？可以舉例說明嗎？

蓋　倫　那當然！我跟你舉幾個例子來支持我的理論。

1 每隻動物都有毛髮，讓牠可以就生存的緯度，來對抗那個緯度的氣候。生存在寒帶地區的動物，毛髮就比生存在豔陽高照地區的動物濃密得多，這樣一來，動物都不會（或者說不太會）受凍。

2 猛獸牙齒的生長分布讓牠可以撕扯、咬死另一隻動物，因此保障牠的生存。

3相反的，溫馴的動物天生就有敏捷的機制，讓牠可以逃脫猛獸的虎口。

4狗有能力可以從一千種氣味中，過濾出一種特定的氣味。

5動物只靠牠們的直覺生活。人類卻只剩下兩種天生的直覺，而這兩種直覺都會在嬰兒時期消退殆盡：每個嬰兒天生都知道，營養攝取是來自母親的乳房，而為了保護自己，他一定得緊緊攀抓依偎著母親。

6動物的牙齒生長，通常特別為了咀嚼草莖或者撕裂肌肉而有專門的配置。

7舉猿猴為例，牠們有特殊的長臂與方便攀爬的腿及腳，讓牠們能夠輕鬆的擺盪在林木之間。

・匱乏的人類，為何還沒絕種？

丹尼爾　如果我正確了解的話，您的論述是說：人類在自然中其實是無法存活的，早就應該絕種了。但是人類卻仍然存在。

蓋倫　你的觀察真是太正確了！在大自然中，的確只有那些擁有為了生活環境發展出特殊器官的生物，才能生存下來。

丹尼爾　您這句話的意思是說：北極熊只能生活在北極，不能生活在沙漠，因為北極熊特別為了北極的生活環境，而有特殊的器官配置？

蓋倫　沒錯！北極熊在沙漠裡沒有存活的機會。因為牠的白色毛髮在北極的環境裡提供了保暖機制，還能成為保護色，躲避天敵。

但是根據例證，牠一到沙漠就會適得其反。因為北極熊的毛皮在沙漠裡正好是死亡陷阱。這麼厚的毛皮只會讓北極熊因為高溫脫水而死，而且毛皮的顏色令牠非常顯眼，甚至可能會讓牠成為某沙漠動物的犧牲品。因為北極熊在新的環境中不能適應，牠的直覺無法告訴牠哪裡可以找到食物和水，之後，北極熊很可能徒勞無功的尋找食物而疲於奔命，死得更快。

而即使北極熊找到了動物可以作為食物，牠的直覺也起不了作用，因為這個環境下的直覺，無法告訴牠哪種動物對牠有用、哪種則會加害於牠。因此我們可以說，牠的攻擊器官在此環境下無法幫助牠，這些器官甚至一無是處、毫無價值。

蓋　倫　我舉出這個例子是因為想說明：每種動物都生存在特定的生活空間中，這個空間我稱為「Milieu」。Milieu 是一個生活空間，這個空間是給高度專精、已經適應的動物和其他生物生活其中的。我們也可以稱它作「特別的環境」，在這個環境中，只有擁有相對特殊專長的動物才有生存能力。因此 Milieu 是無法交換的，因為動物的器官構造已經適應生存環境，而天生的本能也是針對它來作用的。

丹尼爾　好，那麼我們現在知道了，動物一方面各有專長，另一方面又只能存活於特定的環境中。但是，人類是怎麼一回事？

蓋　倫　是啊是啊，人哪！和別的動物相較之下，人類在形態上（像我們之前已經說明過）基本上等於沒有專長。所以我才擁護其實你已經知道的觀點：人類若身處自然之中，與那些敏捷的動物以及危險的猛獸為伍的話，早就會遭遇滅種。又或者，人類不能在生物性的匱乏中找出其它可能性的話，也是只有絕種的下場。

丹尼爾　您這是什麼意思？

・人是「向世界敞開的」生物

蓋倫　我們看見了動物歸屬於環境，而人類卻不依賴環境。我們也可以說，人類擁有世界，或者人類是「向世界敞開著的」(weltoffen)。擁有世界是一個負面的事實。人類是向世界敞開著的，意思就是：

1 人類和動物相反，人類缺少為了配合某種特定環境而作出調整的機制。

2 人類的感知不是與生俱來的，當這些感知面向一般的刺激誘惑或者印象敞開時，精神負荷就比較高。

3 人類缺乏天生直覺。

這三個決定性的特點，證明了人類「向世界敞開」與「擁有世界」。反過來在動物身上，則相當於特殊專精化的器官、本能直覺系統、受制環境三者互相關聯。請注意，這個論證在人類學上非同小可，意義非凡。

丹尼爾　為什麼？

蓋倫　我們到目前為止所說的一切，都顯示出一種人類的結構概念，而這個概念不似謝勒所提出的「精神」概念，它並不單單只建立在智力這一特徵上。謝勒對人類提出鑑定時，所站的位置是在心理學、哲學的立場中，我則是試圖將人類放在生物學的範圍內作分析解說。

丹尼爾　如果我的理解正確的話，您所想做的，其實不是要比較人類與動物。您的企圖是，指出為什麼人類從生物學上看，雖然是不完美的生物，但是人類還是有能力生存下去。

蓋　倫　正確。既然我們能夠以經驗為依據，證明人類有生存能力，那麼解決問題的條件必然在人類自己身上。如果生存對人類來說是一個任務，而且執行這個任務是艱難的，那麼在整個人類整體結構的過程中，執行這個任務，應該有據可查。

丹尼爾　這表示任何動物都無法與人類相比，不是嗎？

蓋　倫　一點都不錯，你說得對極了。在這些前提下，我們再來仔細檢視一次向世界敞開。「向世界敞開」對人類來說基本上是一種負擔，因為如此一來，人類就會暴露在過度刺激中，而其他動物無法感受到這些刺激。每一秒，無以數計的印象湧入人類的感知，大部分的印象甚至是不實用的，但是人類還是必須想辦法掌握這些印象。

・人無法直覺性的分辨世界

丹尼爾　很不好意思，我必須打斷一下您的陳述，蓋倫先生。您想表達的是，每一隻動物都能馬上認出必須做出反應的特定信號，而人類卻必須先要推斷那是不是信號？

蓋　倫　沒錯，就是這樣。我們甚至還必須補充，每一隻動物只對特定數量的信號反應，也就是攸關牠們生命安全的信號，其他的信號牠們就無法辨識了。但是人類完全不是這樣的，我們所面對的世界不是直覺性熟悉的意義分辨，而是，嗯哼，我們甚至可以說，我們所面對的世界是充滿不可預見結構的突發狀況，在發生的當下才能破解，也就是說，必須先去經歷、體驗。

丹尼爾　您是想告訴我，人類必須學習利用他的環境，去找到方法與途徑來平衡他天生的匱乏？

蓋　倫　基本上你都說對了。更正確的說法是：人類必須自主地在有生之年的機會中，改善他匱乏的生存條件。要做到這個，有兩件事是必不可少的，它們分別是「才智」與「工作能力」。也就是說，人類最終要完成的，是自主自發補上他生物體徵上的匱乏，並將世界轉化成利於自己生活的環境。

丹尼爾 您一定已經發現我喜歡例證，舉例說明讓很多事情更加清楚。

蓋倫 你的意思是，要我給剛剛的敘述舉例說明？

丹尼爾 可以嗎？拜託拜託！

蓋倫 沒問題！人類在生理上既沒有防護機制，也沒有攻擊器官，而營養的獲得對人類而言，也不是唾手可得，所以人類既得準備武器，也得準備食物。這代表人類必須自己製造、生產。為了能夠有製造生產的能力，人類必須取得自然並不賦予他處理產品的專門經驗和技術；他需要衣物與房屋的保護，才不會在各種氣候下受傷；他必須扶養發展期異常長的下一代；尤其絕對無法避免的是，他必須和別人一起合作，因為養育這件繁雜多樣性的任務，一個人是無法勝任的。由於這個原因，溝通以及交流所需的「語言」

是必要的。

・文化是人類的「第二自然」

丹尼爾　我現在明白您為什麼說人類和動物無法互相比較了！動物生活在自然環境裡，本身就是自然的一部分，而人類則完全沒有自然的天性。如果我沒有記錯的話，您在書中指出：人類所缺失的自然，文化會取而代之。文化是人類為生活更便利，為自己所轉化的自然。

蓋　倫　你掌握得很好，表達方式也很不錯。是的，人類在無法為他改變的世界裡是沒有生存能力的。所以，也沒有原始人類這樣的事，因為我們找不到沒有火、沒有武器、沒有建築物、沒有準備好的食物以及完全不合作的一群人。

文化一方面可以說是人類的「第二自然」，或者說是人類加工過的自然，只有在文化裡，人類才能生活。另一方面，文化是非自然的，因為它是與禽獸之所以是禽獸的行為結構完全相反的結果。

丹尼爾　所以講到人類時，由生物學角度來看，我們不談環境，談的是文化。

蓋倫　對。就是因為人類的身體不專精、不擅長某件事，所以人類才能向世界開放。而因為不專精所導致的匱乏，又使人類創造出第二個自然。這就是為什麼人類和幾乎所有的動物都不相同——人類並不生活在特定的地理區域。差不多所有的動物都在恆久不變的環境中被馴服，只有人類能在地球上各種環境裡存活，不論是北極還是赤道，水上還是陸地、森林、沼澤、山巔或草原。是的，不要懷疑，人類甚至在太空上都有生存能力，只要他製造出代替自然環境的第二個自然環境，能讓他生活其中。

丹尼爾　太棒了，蓋倫先生，非常感謝。現在我不僅理解了您書中的第三章，而且還知道該在我的哲學日記裡寫什麼了。

第 2 堂課

如何以效益主義的角度衡量幸福？
（邊沁、彌爾、彼得·辛格）

彼得．辛格（澳）
Peter Singer
1946 年 –
討論書目：
《實踐倫理學》
（The Practical Ethics）

哲學家、現代效益主義代表人物、動物解放運動活動家、美國普林斯頓大學生物倫理學教授。辛格運用倫理學的研究，從世俗的偏好效益主義觀點來思考倫理問題。

約翰．史都華．彌爾（英）
John Stuart Mill
1806 – 1873 年
討論書目：
《效益主義》
（Utilitarianism）

哲學家、經濟學家、古典自由主義思想家。彌爾是繼邊沁後，效益主義最重要的代表人物之一。主要領域：政治哲學、倫理學、經濟學、歸納法。

傑瑞米．邊沁（英）
Jeremy Bentham
1748 – 1832 年
討論書目：
《道德與立法原理導論》
（An Introduction to the Principles of Morals and Legislation）

哲學家、法學家、社會改革家。邊沁是最早支持效益主義和動物權利的人之一。主要領域：政治哲學、倫理學、經濟學。

二〇〇九年五月二十日星期三

16:00：學校放學

17:30：手球訓練

23:00：作業終於完成

每個星期三，提姆都在手球訓練結束後才開始寫作業，而今天作業偏偏特別多。現在作業雖然總算完成，但是他也累了，若去找一部電影來看的話，他會吃不消。他乾脆上床躺著，閉上眼睛，放任思緒去翱翔，最終思緒停留在除了女朋友和手球之外，他最愛的哲學上。

今天和過去幾個星期以來一樣，課堂上講了效益主義。他的眼前浮現 utilis 這個詞。提姆還記得 utilis 的意思是「可用的」、「有利的」或者「有用的」。根據這個詞源，效益主義（Utilitarismus）可以被理解為「追求有用的價值」。拉丁文與德文字彙在他眼前愈放愈大，一直朝他逼近，最後這幾個字完完全全將他吞沒，提姆掉進一個黑暗的隧道，周圍的一切開始繞著他旋轉，他一直不停地往下掉落……

突然間，在隧道的盡頭，他看到光源，然後一個城市出現在眼前。他掉落在石鋪的人行道上，跌得不輕，還幾乎被一輛馬車輾過去。提姆滾向旁邊的時候，聽到車夫連聲不迭的道歉。雖然提姆摔得頭昏腦脹，他還是清楚的意識到，車夫道歉時說的是英文，而城市看起來和他居住的城市迥然不同，甚至行人穿的服裝也是另一種風格，和他平常習慣的不同。

他身在何處？這個問題很快就不解自明。一名衣著整齊的男人扶他站起來的時候，提姆一直在想，這張臉他最近才見過，但是在哪兒呢？然後他馬上想起來了，原來是在哲學課上。同時，他警覺到，自己一定是穿越時空，跌進了十八世紀的倫敦了，而扶他站起來的人不是別人，正是傑瑞米·邊沁，效益理論的始祖！提姆抓住男人伸出的手站起來，感激地握住他的手，並趁著這個當下，藉機再一次仔細觀察站在他對面的這個人。

提　姆　（有點遲疑）請問您是傑瑞米·邊沁嗎？

邊　沁　（驚訝）是的，我就是。你怎麼會認識我？你不像這裡的人，我一看你的衣服、聽你說的英文，就知道了。

提姆 （已平撫心情）這個解釋起來太複雜，而且只會耽誤時間，但是如果您有時間，我很想和您談談您的效益主義概念。

邊沁 對我的理論感興趣的人，我永遠有時間給他。來吧，公園有長椅，我們去那邊坐。

・人受到悲傷與歡樂的主宰

提姆 邊沁先生，您的理論，就是您在您的主要著作《道德與立法原理導論》中完成辯證的理論……在文章一開始，您說人受到悲傷與歡樂的主宰。

邊沁 事實的確如此。你每天都可以觀察到，每個人的所作所為都是受到歡樂與悲傷的驅使。我們也可以說，人對於對錯的判準，也是根據歡樂與悲傷，或說，歡樂與悲傷導出了人一連串的因與果。

提姆 您的意思是，人的行為所想達到的，不過是想多多經歷歡愉、少受一點苦難？

邊沁 沒錯，所以我將效益這個概念定義為既是正面，也是負面的。這個概念的正面是，透過行為可以得到盈利、優越、歡愉、善或者幸福；負面是為了避免災禍、悲傷、壞事或者是不幸，而有所行動。

提姆　但是，這不就跟享樂主義者所主張的一致？按照阿瑞斯提普斯（Aristippus）和伊比鳩魯（Epicurus）所說：我們可以經歷快樂、避免悲傷。

邊沁　好吧，我承認，我的理論看起來確實是享樂主義的模樣，但是儘管如此，兩者之間還是有一個重大差異。享樂主義重視的是獨立個體的快樂，而我強調的不在個人，而是以整個社群為優先。

・邊沁的社群優先論

提姆　如果您的理論我沒有理解錯誤，您也是從個體出發，不是嗎？

邊沁　沒有辦法，這是一定要的。社群是憑空想出來的虛體，但是這個虛體卻是由實在的個體組成。在社群中的獨立個體，只對某些於他有利的事感興趣，導致社群的興趣是從不同的個體所感興趣的總數得來，且由這些興趣所組成。

提姆 藉由這些先決條件，您得出結論，是嗎？

邊沁 對的。結論總共有三點：

1 第一點針對獨立個體，若與另一個會減少幸福的行為相比，從事此行為時，個人幸福增加了，那麼，這個個體行為則符合利益或效益原則。

2 第二點針對社群，若此行為與另一個會減少社群福利的行為相比，能夠增加社群的福利，則符合效益原則。

3 第三點針對國家的政治機制，一個政治體的行為，若比起另一個會減少個體幸福的行為，更能增加個體幸福，即符合效益原則。

提姆 我們可以從您所說，推論導出一個效益主義者的行為，是根據結果嗎？我想說的是：如果此行為會減少個體或社群幸福，那麼，這個效益主義者就會拒絕從事這項行動；但是，如果此行為能夠增加個體與社群幸福，則會被評為是正面的，對嗎？

邊沁 太棒了！你到目前為止，完全了解了我的理論。現在你只要再設身處地想想，個體幸福與社群幸福如何被計算出來，就好了。

・幸福是數學題

提姆 也就是說，我現在必須做數學習題囉？

邊沁 對，沒錯！但是有一點一定要先銘記在心，我借用效益原則，是為了社群利益，完全不是為了獨立個體。一個政體應該創造所有人的幸福，避免人民的不幸，且只有在人民認為這個政體為自己做了事情，或者在不幸的時候，政體為人民設想免災，這個政體才算完成所託。因此對一個政體來說，了解什麼對人民是幸福的、什麼是不幸的，非常重要。只有在立法者理解什麼是人民的幸與不幸，並且尊重人民的幸與不幸時，才能將其作為權力潛力的工具，並小心地計畫使用。

提姆 所以我們首先要決定，對個體而言，幸福或者不幸的價值。

邊沁 沒錯，而且在做這件事的時候，有四個條件必須要注意。第一個，我尤其要強調「強烈程度」。

提姆 強烈程度的意思，按照我的理解，就是一種幸福或者苦難的「強度」、「效應」以及「持久性」，對嗎？換句話說，強度和人的主觀感覺有關，因為每個人如何感知幸福或苦難，是完全相異的。對嗎？

邊沁 表達得太好了。也許你還可以告訴我，第二個條件，也就是持久性，要如何顯現？

提姆 您所說的持久性，是指一個人感受幸福或者不幸的時間長度。

邊沁 這一點你也說得很對。現在要再加上對幸福、不幸的意識或者無意識，以及遠或近。

提姆 在我看來，您這裡先提出了一個問題：行為者根據什麼，造成了幸福或不幸？這一點也是您所謂的「意識」或者「無意識」所想要表達的。另一方面，您也在計算幸福或不幸馬上就在眼前，或是在時間上還無法預知。這就是您所謂的遠或近，對嗎？

邊沁 哇，我對你的印象愈來愈好了！按照你的方式來分析、解釋我的理論，句句都擊中要害。為了能夠完全斷定這是為了個人的行為，我們必須再考慮兩個觀點：一個是幸福或災難的結果醞釀性，另一個是純粹性。第一點所牽涉的，是判定某個感受之後，獲得相同性質感受的可能性有多大？第二點則是某個感受之後，獲得非完全相反感受的可能性，有多大？

提姆　可以舉例來說明嗎？

邊沁　你想自己舉例試試看，還是我來？

提姆　不然讓我來試試吧！我們來設想一下，我若吸食藥性強烈的毒品，可能第一次、第二次吸食時，我感受到快樂，但是這個快樂並不會一直持續下去。在很短的時間內，我就會發現我需要毒品的幫助，才能成為那個每個人認識的我。毒品讓我受傷害，或者用您的詞彙：不幸。結果醞釀性在我們的例子中可以說，第一個感受之後，得到的不是同一種性質（也就是幸福）的感受，而是真正相反的感受（也就是不幸）。

同樣地，此行為也不能彰顯純粹性，因為在幸福感受後得到的，是與幸福相反的不幸感受。對我個體而言，這只表示：藥性強烈的毒品絕對碰不得，因為它不只在長遠之後，而且還在短期或者中期的時間長度內，就會導致我想避免的事，也就是不幸。

邊沁　這個例子選得好！你清楚指出了，從事某個行為之後的結果擺在眼前時，人如何避免受苦。

提姆 毒品完全不值得碰，這在您首要四個論點中就已經證明了，因為：

1 從毒品中可能得到的樂趣是不持久的。如果我喜歡吸毒剛開始時的感受，我可能很快就會想再重溫那個感受。簡單來說：強度在很短的時間內就減弱了。

2 您的第二要點：持久性，其實是與強度不能分離的。在我們的例子可以看到，毒品的效果不能長久持續，我必須一而再、再而三的吸食，才能重新經歷那個感覺。

3 除此之外，還得加上一點：我不確定能否重溫第一次的經驗，因為正面的經驗有可能變成負面的。

邊沁 很好，你剛剛表述的是對個體來說，幸福或不幸如何被測量。但是我之前也說過，在我心中，個體並不如群體重要。

・計算群體的幸福

提姆 那……我們試著來處理為群體的計算？如果我記得沒錯，除了對個體適用的這些條件之外，對群體還要增加一些。

邊沁 事實上，是的。對群體有效的是「規模」，也就是要考慮會被幸福或者不幸涉及的人數，也就是說，會被行為影響的人們。

提姆 我們來設想一個不太可能會發生的情況，假設政府在考慮要不要減稅。因為這個措施會涉及所有的納稅人，而且對這些人的影響可能會很大，幸福比不幸的趨勢也可能較大；另外，這一例子所假設的規模也是為了服務人民，所以大多數納稅人一定會支持這項措施。

邊沁 這個例子也舉得很對。你強調多數納稅人樂見這種措施，但是很可能的是(不論出於何種原因)不是所有人都會樂見。為了衡量一個整體社群的利害關係，我們還是要從個體出發。每一個個人都必須以自己的意願，來決定每個可察覺的幸福的價值，而這個幸福，首先必須是這個個人所創造出來的。同樣的過程，也要用來定義不幸。

此外，每一種幸福的價值也必須先被調查清楚，知道此幸福在第二層次會帶出什麼，如此一來，首次幸福的「結果醞釀性」與不幸的

「不純粹性」才能成立。這個規範過程，也必須在反向定義不幸的時候納入。

現在，我們在天平的一邊可以加上所有幸福的價值，天平另一邊則加上所有不幸的價值。幸福的這一邊比較重，那麼此人利益的行動總體來說就是好的；如果不幸的那一邊比較重，那總計就是不好。

下一步，我們要衡量總共會有多少人被牽涉進來。所有人都要自己計算，這項政策對他們自己是正面的還是負面的。最終，我們還要結算一個總數，計算所有牽連其中的個人價值，因為我們必須知道，我們努力想達成的這個行動，總計出來會是好的還是壞的。

提姆　哇，我覺得這個流程非常的麻煩、複雜，不是每一個單一的行動都能夠將這個流程跑一遍呀！

邊沁　我也沒有那麼傻，期待在每個道德判斷、每次立法或者與司法有關的活動之前，都能嚴格的執行這個流程啦！但是，這個流程如果能夠被重視，那麼它就能更接近精準的等級。因為這個原因，我堅信我的理論既不會沒有根據，也不會無用武之地。我的論述完全符合人類的行為，只要他們清楚自己的利益所在就可以了。

提　姆　喔，天哪！我頭好暈，四周又在旋轉了。不！不要啊！我不要又掉進隧道裡……

提姆重新掉進黑暗的隧道，再一次重重地摔在石鋪人行道上。他跌倒的地方看起來很熟悉——是倫敦！這裡行人的衣著有些不同，建築物也變多了，但是基本上沒有什麼大改變。提姆站起來，往他和傑瑞米．邊沁坐著談話的公園走去。很快地，他明白他再次穿越了時空，但是不是前往過去的過去，而是來到更接近他的時代。而當他在街角轉彎時，他迎面撞上一個人。

———

．向邊沁的效益主義下戰帖

提　姆　對不起、對不起，我不是故意的，希望您沒有……（他抬頭仔細一看）不好意思，我們見過嗎？我好像認識您……

彌　爾　應該沒有吧！

提姆　您是約翰．史都華．彌爾，不是嗎？

彌爾　是的，沒錯。你怎麼知道？

提姆　打斷您的話，不好意思，我只是想很快的自我介紹一下。我叫提姆，對效益主義很有興趣。如果您有時間的話，我們可以談一談您的效益主義論述嗎？

彌爾　嗯，反正現在也到了喝茶的時間了，好吧！如果你不反對，我請你喝茶。

提姆　謝謝您的邀請，您人真好。彌爾先生，我們在去茶館的路程中，您是不是就可以先跟我講一講，您對效益主義的觀念和傑瑞米．邊沁之間的差異？

彌爾　這個問題很容易回答。我伯伯邊沁先生關心的效益主義是數量上的議題，而我相信，只有研究好質量的問題，效益主義才能成功。

・幸福的比拚：重「質」還是要重「量」？

提姆　我聽得不是很懂。也許您可以把它當成是您第一次描述「最大幸福原理」，我會比較能夠理解。

彌爾 首先，我會將行為分成是道德正確的，還是下流卑鄙的。所有帶來不幸的行動是錯誤的，反過來說，那些產生幸福的行為是對的。不幸是「幸福的缺少」，另一方面則是「不幸」——這兩者都不值得追求。但是，幸福、從不幸中解放，卻是我們追求的目標，因為它們意謂著幸福。因此所有充滿幸福的行為，以及所有運用一切去追求幸福，或者避免不幸的方式，都是值得想望的。

提姆 假如我正確理解了，那麼舉例來說，性交就充滿快感，它促進了我的快樂、我的幸福。

彌爾 你和大多數人想法一樣，但是我剛好就不是這個意思呢！快樂不單只能是性交的快樂，如果是這樣的話，那人就不比只追求性慾、只被本能驅使的豬，也不比其他的動物好多少了。而且，當初大家譴責希臘哲學家伊比鳩魯的信徒，不就正是因為認為他們只追求性慾？伊比鳩魯信徒們對此的回答是：是責難他們的人將人的天性置放在如此令人難堪的聚光燈下，不是他們。因為那些控訴的人認為，人除了追求性慾之外，沒有能力對其他（甚至是豬也能感到快感）的事物感到快感。

提姆 什麼意思？

彌爾 這不是很明顯嗎？人必須肯定喜樂有各種不同的種類。這些種類中，有一些比起其他更值得想望、更有價值。也因為如此，最終還是要看喜樂的「品質」。在「數量」之外，更需考慮品質。

提姆 您可以舉例說明嗎？

彌爾 想像一下，人如果能夠變成動物，你會想變成動物嗎？

提姆 這要看情況，如果只是短期的，應該會很好玩。

彌爾 我說的不是這個意思。我想請你做的假想是這樣的：現在你是一個人類，但是你可以在某個時間點下決定，從現在開始一直到死亡為止，在世界上以動物之姿生活。你可以享受這種動物生活所帶來的所有感官喜悅，那在這樣的條件下，你會想交換自己的生活，變成一隻動物嗎？

提姆 應該不會吧！

彌爾 我早就知道會如此。當我們讓一個人在兩種幸福中做抉擇，而其中一種完全是性慾方面的，另一種是精神上的喜樂，只有很少數的人會選擇單純只奠基在感官快感的生活。這種生活和另一種也包含精神享受的生活比起來，完全不一樣。

・精神的喜樂VS感官的快感

提姆 要做出這個選擇，有哪些原因占據重要的位置呢？

彌爾 人類首選的生活，是以理智上的喜悅為基礎的，雖然人類很清楚，一生能在世界上經歷到的喜悅是不完整的。人類喜歡這種不完美的生活，因為它比一個滿足的、數量上更豐富的生活更有價值。會有這種情形的原因，在於人類學習到忍受不完美、接受不完美，因此人類不會嫉妒那些對自身不完美一無所知、也不認識什麼是完美的動物。

如果人類會嫉妒動物的話，他就會想跟動物交換生活了。而現在你也可以了解我經常被引用，但是更常被錯誤使用的格言：「當一個不滿足的人，比當一隻滿足的豬好。」

提姆　要是我聽懂了您的意思，您是說，動物只知道感官快感的生活，因為牠們沒有理智。人類不一樣，我們兩者都認識，但是如果要我們選擇的話，我們會選擇用理智所感覺的快感，因為對人類來說，這比感官快感還更好，幸福也更大。

彌爾　對，至少到目前為止，大多數人都是這麼選的，但也是因為我們已經確定，絕大多數的人都會選擇理智的喜悅，因為它在品質上的價值比感官快感高。

・效益主義式的幸福

提姆　我明白了。但我還是不理解，您的理論針對的到底是什麼？

彌爾　我來跟你解釋。你應該已經知道，傑瑞米．邊沁伯伯所看重的，不是個人，而是群體的幸福。關於這一點他真是對極了——在這一點上我是追隨他的。我主張的是，符合效益標準的幸福，是道德上正確的行為。

提姆　啊哈，原來如此！

彌　爾　我不認為幸福是單一行動者的幸福，它應該是所有牽涉其中的人的幸福。行動者必須能夠分辨自己（個人的）的幸福與其他人的幸福。

提　姆　這個我知道，聽起來像是湯瑪斯·霍布斯（Thomas Hobbes）導出的道德黃金律。

彌　爾　老天爺，不是啦！首先，黃金律不是霍布斯導出的，這條定律在每個文化裡都已經存在幾千年了。第二，霍布斯談的道德黃金律是負面的變化式，他的律文是說：已所不欲，勿施於人。我則是從正面措詞表達，就像你早就知道的新約聖經中，路加福音第六章第三十一節：對待他人的行為舉止，應該就像希望自己被別人對待的一樣。

提　姆　人如何達到這個類似康德的定言令式（Kategorischer Imperativ）的理想呢？

彌　爾　達到這個理想其實是不可能的，但是人可以接近這個理想。

提　姆　怎麼做？

彌　爾　效益主義在這個脈絡裡要求兩件事：

1. 法律與社會習慣應該將個人的福祉與整體、社會國家的福祉協調一致。
2. 教育與公開輿論應該運用影響力，訓練所有的個體擁有習慣性的行為本能，那就是：不再去分辨自己的幸福與全體的幸福。

基於這些，我首先要說，每個人都應該要將其他人納入考量——這需要學習，這也就是為什麼教育是必要的。除此之外，個人行為若違背公眾的福祉，絕對不可以透過法律免責。只有透過道德正確的行為，所有人才能獲得幸福。

提姆 不！不要再來一次！

提姆的四周又一次天旋地轉，他再次被吸進隧道。這一次，他沒有摔在堅硬的石鋪人行道上，而是降落在柔軟的草地上。他身邊被年輕人圍繞，大家幾乎都穿著牛仔褲、T恤，腋下夾著書本，邊談邊笑。在這裡，提姆聽見的也是英語，但是與倫敦的口音不同。

提姆起身，不久後，他就發現一塊洩漏他身在何處的牌子：普林斯頓大學。

原來他來到了美國紐澤西州。好吧，既然都來到這裡了，為什麼不去看看這間大學的哲學所，看看人家在這裡怎麼學習的。不久，他就找到哲學大樓，看到一幅寫著所有教授名字的大看板。這些名字中也有彼得．辛格，他的辦公室位於人類價值觀中心馬克斯大堂裡。

辛格？是來自澳洲的效益主義學家彼得．辛格嗎？難道他在這不尋常的旅途中，能夠遇見第三位效益主義代表學者？也許喔！提姆想，我也許有這個好運，他剛好也有時間給我。提姆敲了敲彼得．辛格辦公室的門。

．偏好效益主義的見解

提　姆　抱歉打擾了，您是彼得．辛格嗎？

辛　格　是的，我就是。我可以為你做什麼？

提　姆　唉呀，是這樣的，我是新來的，我知道您在這裡教授效益主義中一個特別的模式。關於這個模式，我是否可以和您談一談？

辛　格　你很幸運，我現在剛好有一點空，可以跟你解釋一下我的「偏好效益主義」（Präferenzutilitarismus）。

提姆　太棒了！您怎麼定義「偏好效益主義」呢？

辛格　慢一點，慢一點，年輕人！首先我們要來看看，推出偏好效益主義的先決條件。

第一個先決條件是：我接受從普世立場所做的道德判斷，與此同時，我也接受我個人的興趣不會因為這是我個人的興趣，所以比別人的更重要。

第二個先決條件是：和所有能夠以道德為考量的生物一樣，我也具有天生的願望，首先我顧慮的是自己的興趣，因為這個原因，所有的生物都企圖將自己的興趣包含進有道德考量的別人的興趣裡。

第三個先決條件是：因為我是一個能以道德思考的生物，所以我知道我個人的興趣不會因為出於自己，所以就比別人的興趣重要。因此在下每一個道德判斷之前，我必須思考下列兩點：

1 我必須考量所有依賴我判斷的人的興趣。

2 我必須選擇最有可能滿足所有有關人士的利益，且利益達到最大程度。

提姆 那麼，您從這些先決條件下得到的總結是：我必須選擇的行為，總的來說，就是所有相關人士都得到最好的結果？

辛格 你的推論完全正確。現在先決條件都清楚了之後，我們就可以來看偏好效益主義的定義了。在這三個先決條件中，牽涉其中的個人偏好也要考慮進去，這也剛好是每個獨立個體在進行道德行為時所偏好的。Präferenz 這個字來自拉丁文，意思是「放到前面」，這個概念在英文裡被保留了，因為 prefer 意思是比較喜歡或者偏愛。

提姆 OK，很合邏輯，非常容易明白。但是，邊沁量的效益主義與彌爾質的效益主義，差別又在哪裡？

辛格 邊沁和彌爾的理論可以總結為「古典效益主義」，而偏好效益主義和古典效益主義，大致上可以這樣分別：

1 偏好效益主義總是會提供所有牽涉其中的人最好的結果。關於這點，你剛才已經想到了。

2 偏好效益主義不只是要促進「增加情慾享受」與「減少痛苦」的行為。

3偏好效益主義針對的目標性，也不是達到享樂的最大值與將痛苦最小化。

4偏好效益主義是：該活動是否符合人類的偏好，且這些偏好受行動或行動的結果影響。

・經濟效益主義

提姆　聽起來很像經濟學耶！

辛格　是啊，也正因為如此，偏好效益主義有時候也被稱為「經濟效益主義」，但是我不覺得這個名字適合。

提姆　我們現在應該已經將理論的基礎理解得差不多了。只是我還不太明白，偏好效益主義在生活裡有什麼意義？可以舉例來弄清楚嗎？

辛格　當然好！一個阻礙人之偏好的行為，必須被相反的偏好平衡，否則這個行為在道德上就是錯的。

提姆　這哪是實例呀！

辛格　好吧，具體的實例是這樣子的，譬如說，殺死一個想活下去的人，是不正當的行為。

提姆 原來是這樣。您的意思是：這個行為在此是指殺死一個人，對於這個被害人的偏好，這個行為是對立的。也就是說，這個被殺的人比較想要活下去。「想活」的這個偏好無法被相反的偏好平衡，那麼，這個行為在我們所舉的例子中，就是「殺一個想活下去的人」的這個行為，是不正當、不公平的。

辛格 很好，你掌握得非常好。接下來還有喔，被殺的人在死後不能抱怨他的偏好不被尊重，但這不是決定性的。決定性的重點在於，他的偏好「想活下去」被阻礙了。

提姆 了解。但是您的論點到底想證明什麼？

辛格 我們先來看看，截至目前為止我們所談過的，給我們導出了什麼？

提姆 導出了什麼？

辛格 第一，對擁護偏好主義的人來說，殺死一個人比殺死其他生物更嚴重。原因在於人是有未來，且在計畫未來的；相對來說，作為本身不能察覺自己是實體存在，也就是無法察覺未來的生物，這些生物在未來中的偏好就不存在。

提姆 您的意思是說，假設我們不允許被殺，是因為我們兩人作為人類是有未來的。相對來說，狗、豬或者魚等動物，完全可以被殺，因為牠們不符合「對未來有計畫」的標準。

辛格 到目前為止你說得都對，但是還不完整。一個人被殺了，表示不只是一個偏好，而是數目很多的偏好，也就是這個人所有的偏好都被傷害了。那麼這位犧牲者在某段時間內所有想做的活動，都被論證是荒謬的。

提姆 喔，我懂了。但是一定有第二個推論，是嗎？

辛格 還真的有。如果有面向未來的實體存在，那麼也有無法以實體存在看到未來的生物。在你開始問我能不能舉例之前，我們就拿一條魚來說吧！一條上了鉤的魚在釣魚線上掛著，這條魚當然會奮力掙扎，想逃脫魚鉤，因為牠的生命受到威脅。這個例子中的偏好，對魚來說，就是痛苦狀態的終止。魚為了解脫痛苦而作的掙扎，不表示魚有能力去比較喜歡有自己存在的未來、不喜歡沒有自己存在的未來。

我們唯一可以說的是，藉由魚在魚鉤上掙扎的行為，導出的結論是：我們最好以別的方式殺魚，例如無痛的方式，而這個方法沒有偏好效益主義者有理由反對。

提姆 好，即便是這樣的例子，也還能夠理解。但是您藉由第二個導論，真正想說的是什麼？

辛格 不能將自己看成是有未來實體存在之生物，和有能力看到自己未來的生物，相比之下，可以被允許殺死。如果這個原則被贊同支持，那麼替人工流產辯護的基礎就有了。胚胎與魚一樣，都沒有能力將自己看成是有未來實體的存在。

提姆 哦，我的天哪！怎麼一切又開始旋轉了……

———

提姆醒來的時候，躺在女朋友的懷裡。他糊塗了一會兒，才又回到現實。

「妳一定猜不到我剛剛經歷了什麼。」

「怎麼會猜不到，你剛剛睡得很不安穩，而且還作夢了。」

「好吧，妳要這樣說也沒錯。不過最棒的是，夢裡發生的事，我記得清清楚楚。」

「哦？那說來聽聽。」

「嗯，事情是這樣開始的：二〇〇九年五月二十日，星期三，下午四點，放學……」

第 3 堂課

如何以定言令式法則過生活？（康德）

伊曼努爾·康德
Immanuel Kant

(德 / 普魯士王國)

時期：1724 – 1804 年

討論書目：

《道德形上學的基礎》

(Groundwork of the Metaphysic of Morals)

康德是啟蒙時代著名的哲學家、德國思想界的代表人物，其學說影響近代西方哲學，並開啟了德國唯心主義和康德義務論等流派。主要領域：形上學、倫理學、認識論。

尼可拉斯拼命的按他女朋友克勞蒂亞的門鈴。「妳猜，我今天在學校發生了什麼事？妳絕對不會相信的！」

「啊，先進來坐下吧！發生了什麼事？」

「哲學老師向我們宣布了一件很特別的事。」

「『他的葫蘆裡賣什麼藥？』我們大家都這樣想。然後在課堂的第三個小時，他帶了一個穿得古裡古氣的小老頭，那老頭還說『我自我介紹一下，我的名字是伊曼努爾．康德。你們的老師跟我說，你們對定言令式有問題。我就想，最好我親自來一趟，方便回答你們的問題。』」

克勞蒂亞瞪大眼睛，看著尼可拉斯：「怎麼可能？康德起碼死了兩百年了。」

「如果我沒有當機立斷馬上錄音的話，我自己也不相信，喏，證據在這裡！」

他將耳機遞給她，她首先聽到同學安妮卡的聲音。

安妮卡　我想問這個古怪的概念：定言令式（kategorischer Imperativ）。

康　德　我想你們大多數人都對「命令式」（Imperativ）有概念。你們在文法課上一定學過，所謂命令式就是一個內含要求指令的句子。

安妮卡　是的，但是「斷定的」（kategorisch）是什麼意思？

康　德　我用兩個概念來講定言令式好了，一個是「假定的」（hypothetisch），另一個是「斷定的」（kategorisch）。我對假定命令式的理解是，它是一個要求，而這個要求在一定的條件下才會成立。舉例來說，如果你想成為一名出色的吉他手，你必須每天練吉他。這個例子裡的要求無法適用於每個人，它首先有一個先決條件，就是你必須想要學習吉他彈奏，這個條件才會要求你。

定言令式和假定命令式的差別就在於，定言令式沒有先決條件，它絕對適用於所有的人，它對全人類都是絕不可少的。它表達出一個道德規範，而這個規範沒有任何約束限制。這個規範的內容是：「按照你的準則（Maxime）行動，同時，你也同意這個行為會成為一個普遍性的準則」。

瑪提亞斯　「準則」是什麼意思？

康德 這個字來自拉丁文 maxima propositio，意思是「最高的結論」。準則，就我的理解，是一個行為的主觀原則。這是一個規則，人根據這個規則行動或者企圖去行動。類似這樣的準則只對這個人有效，其他人可以擁有自己的準則，所以我們可以把準則與對所有人都有效的原則分開來。這種普世性的原則就是定言令式。

・如何以康德定言令式行動？

英娥 如果我要按照定言令式來行動，我究竟應該做什麼？

康德 妳首先要弄清楚妳的準則是什麼，在特定的情形下，妳是按照什麼準則處理事情？然後妳要做一個思想實驗，在實驗中妳將這個準則一般化，也就是用它來設立一個普遍性的法則。最後妳必須試想，妳想不想要這個普遍性的法則。如果妳想將妳行為的準則變成一個普遍性法則，那麼妳的行動便符合道德倫理，反之則不然。

英娥 這跟我們之前學過的哲學思想很不同。舉例來說，亞里斯多德從人類對幸福的追求中，發展他的倫理學。

康德　是的，但是我認為幸福主義（Eudaimonia）這個進路沒有切中要點。當然所有的人類都追求幸福，但是妳只要問，人認為他的幸福在哪裡，每個人的回答都會不同。有些人覺得持有財富是幸福，其他人認為必須能實現自我才會獲得幸福，另外也有三分之一的人覺得生活在道德井然的世界裡是幸福。這些事實無法總結得出一個一般性有約束力的道德準則。一個普及、有約束力的倫理學，只能奠立在理性的基礎上，奠立在演繹推理、獨立於經驗之外、每個人都有的理智上。

馬克斯　您是怎麼得到這個結論的？可以跟我們解釋為什麼定言令式一定必須這麼理解，而不能是別的方式嗎？

康德　這就說來話長了。不過，既然你們真的這麼感興趣，我就試試看吧。我們若尋找的是一個放諸四海皆準，對全人類都有約束力、可行的道德準則，就只能從良善出發，因為世界上除了良善，再也沒有其他品質是這麼無止盡的好。某些認為是好的品質，都被更正確的證明是「比較」性質的。

我們拿理智來說吧，理智被認為是好的，但並不是理智本身就是好的。只要考慮深一點，就可以想到殺人犯也需要精銳的理智，才能計畫出完美的謀殺。勇氣、果斷與堅毅也是——這些若是警探人員的德性，當然非常好，但若是冷血的銀行搶匪也具備這些特質，那就死傷慘重了。

所有這些和那些可以在這裡列出的好品格都適用於：這些品格不是自己本身就是好的，而是只有在良善的先決條件下，且只有這樣，這些品格才有用。一個有良善品格的人可以利用權力做很多好事；一個不懷好意的人握有權力，便會造成很多傷害。所以一切都要依靠良善，因為只有良善本身就是好的。

馬克斯　但是那不就等於，舉例來說，一道白色的牆是白色的。我相信這是套套邏輯恆真概念（Tautologie）。

康　德　我承認，但是我仍然藉此找到一個能夠供我繼續前進的途徑。現在擺在我們面前的，猶如你之前所指出的：我們從何得知這一個意願是良善的？我首先想要解釋清楚它如何會是不好的，透過它所引起的、所產生的結果。假設有一個人想對別人好，而他也非常努力，用盡所有的方法，但是他所做的都失敗了。沒有人能夠因為他不成功，就責怪他道德有汙點。我們可以怪他笨拙不靈活，但是不能怪他行為不檢點，因為他的所作所為出發點都是良善的。透過這些行為得出的真正結果，對判斷他的意願是不是良善的，並不重要。

・康德對責任義務的看法

馬克斯　那判斷意願根據什麼？

康　德　這個我用責任義務的概念來跟大家解釋。我將這個概念先分為①不負責任的行為，②依照責任的行為，以及③以責任義務為出發點的行為。

在這之中我不感興趣的是：違背責任義務不負責的行為，因為我們這裡要討論的是道德。我尤其要釐清的一點是，按照責任義務來行動的行為在意義上不等於道德行為，出發點也不是責任義務的行為。

安妮卡　可以給我們舉例嗎？

康　德　假設來說，一個商人在計算貨物的售價時，決定要誠實相待。他不要「掛羊頭賣狗肉」，像我們形容奸商一樣，而是就算顧客沒有經驗或者是小孩，他也要「童叟無欺」。這類的行為方式是按照責任義務行動；行動與責任義務一致無誤。但是，這完全不表示此行為是因為內心對責任義務的看法與責任義務相互一致而產生。這種情形完全可能是：這名商人不欺騙他的顧客，因為他覺得這個顧客是可親的，或是因為商人喜歡這個顧客，也就是說，這個行為出自好感。可想而知的，商人誠實對待顧客，顧客就不會離開他，他得以繼續跟顧客做生意，所以這個行為的動機是自私。在這些情況之下，所發生的行為只不過是按照責任義務，而不是以責任義務為出發點。

瑪提亞斯 您的意思是說，一個行為只有在完全沒有其他動機下發生，才是道德的？

康　德 這是一個對我的倫理學很普遍的錯誤理解，例如詩人斐德力希·席勒（Friedrich Schiller）曾經在他的詩文中表達：「我很願意服務我的朋友，但是我這麼做只是出於好感。因此我心中常警惕自己道德不夠高尚。」重點在於：我問自己，如何辨別出構成行為的道德價值？如果在這個行為中，義務與好感占據地位的話，我就無法辨別是什麼造成了道德價值。

為了更進一步解釋，我來建構一個情境，在此情境中責任義務戰勝情感，這個例子是說當一個人覺得活著很辛苦，也就是說，他偏好結束自己的生命，但是出自責任義務，他維持了自己的生命，不了結自己。在這裡我們可以清楚辨別：這是出自責任義務的行為，是責任義務造成這個行為的道德價值。

馬克斯 這個我可以理解。但這並沒有解釋一個良善的意願，要怎麼被辨認出來呀？

康　德 怎麼沒有？在這個問題中，我們更進一步了，現在我們可以說：當一個人發自內心時，那個意願就是良善的，不是藉由外在與責任義務一致同步，來決定該行動是否為善。

・責任義務的存在先於法則

馬克斯 如此一來，不就又產生責任義務何在這個問題？

康　德 沒錯，在這方面，責任義務的存在先於法則。

丹尼爾 先於什麼法則？這是什麼意思？

康　德 我在這裡所講的法則是指道德法則。這個法則如何構成，馬上可以弄清楚。大家從自然界或者國家的範圍中，都知道法則是什麼。每一種類的法則都可以分成內容與形式，我們從自然界來舉一個例子好了，比如說地心引力法則。這個法則的內容是以經驗為依據的，是我能夠以感官知覺來察覺的，也就是萬物之間的吸引力量。而每一種法則中的每一條形式，都來自它的合法性，也就是說，法則內容是不是放諸天下普世皆準？在我們地心引力的例子中，這個法則的形式來自於：引力對萬物都有效。

莎　拉 OK，但是這和倫理學有什麼關係？

康　德 如果我們問法則怎麼來的，它怎麼讓我們應該注意到、怎麼使我們的意願良善，那我們就必須連結到內容與形式之間的差異。為了訂定道德法則的內容，我們必須回溯到所有人類都認為是良善的經驗來做依據。我們在一開始的時候已經很清楚，所謂的德性沒有一個是自身就是良善的，只有在良善的意願下，才會是好的德性。

那麼就很明顯啦，依據經驗內容是不可能來規範道德法則的。因此我們只剩下一個可能性，就是透過它的「形式」來訂定道德法則。這個意思是：我們必須從已經存在的行為原則，即生活準則或者格言出發，然後我們要檢查這是否能夠冠上合法性形式。

馬克斯 現在我腦袋裡的竅門被打開了，根據這些我們就有了定言令式：「按照你的準則行動，同時，你也願意讓這個行為成為一個普遍性的準則」。

康德 沒錯，正是如此。總結以上，我們導出了定言令式。

．準則的普及化

莎拉 如果我沒有理解錯誤的話，這個定言令式類似某種黃金定律。我應該思考的是，倘若所有人都應該同我的意圖一樣來行動，而我如果不能夠為這個行為的後果負責，那麼我就不應該行動。

康德 不對，妳徹底的誤解了我！剛好就不是妳想的那樣。我說得很清楚，我的倫理學重點不在判斷行為的後果。一個準則是否是道德的，標準不在於這個行為的後果，或者是這個行為是否為大眾所期待，要依據的反而是：我「應當」讓這個行為成為理性之事嗎？意思也就是說，我在沒有矛盾的情況下，能夠將我的準則普及化。

莎拉 在您的定言命式中，「應當」(wollen können)這個詞彙是什麼意思？按照您的想法，我什麼時候應當？什麼時候不能？

康德 我是否「應當」或者「不應當」的標準，是理智。我說過我的要求，倫理學必須奠基在純粹的理智上，只要是互相矛盾的，就不是理智的。所以我們必須考慮到，將我們的準則放諸四海後，是否能無庸置疑的執行，還是其中有令人感覺矛盾的地方。

莎拉 能夠請您舉一個例子嗎？

康德 我很願意。假設某人陷入了經濟危機，他想：「我得去跟某人借錢。可是這個數字的巨款我永遠還不了，但是我如果不承諾在某個期限內還款，根本沒有人會借我錢。看來，我只有違心做虛假的承諾了。」這個時候他的良知產生作用，他問自己，他的行為是否合乎道德。他自己行為的準則在這件事上是：「只要我缺錢了，我就說謊保證會還錢的去借錢，雖然我知道我永遠不會還錢。」這個人現在要把這個行為準則一般化，也就是說：「所有的人只要缺錢，就應該做虛假的承諾來借錢。」

莎拉 矛盾在哪裡？

康德 我們只要想一想，很容易就可以知道：承諾代表的是對自已的義務責任。我向別人對自己提出義務責任，去做我所承諾的事。滿口謊言的承諾，表示不願意承擔這個責任義務。那麼這個一般化的規則，一方面是責任義務（也就是還錢），另一方面則是責任義務的撤銷。像這樣的規則我是不會要的，因為它內部存在矛盾。你們知道的，定言令式所要求的普遍化適合當成思考實驗，可以用來檢視自己觀念是否存在矛盾。

・康德的公式倫理學

安德烈 我的理解倘若是正確的，定言令式其實並沒有規範一定的內容來限制我的行為。

康　德　對，它其實比較像是一個公式，藉著這個公式的幫助，每一個人都可以審視自己的準則——在某個情況下，自己會知道該行動是否符合道德的要求。如果你們想的話，也可以把這個倫理學稱為「公式倫理學」。

安德烈　有些人也把您的倫理學稱為「義務倫理學」。

康　德　是啊！那是因為之前說過的，我不以行為的結果來判斷行為，而是不論結果如何，行為都有責任義務。此外，這裡也存在一個與亞里斯多德相較下另一個差異，這個差異你們剛剛提到了——亞里斯多德的出發點是人類所追求的，也就是說，人類追求的是善，最終推及到幸福。我的倫理學所推論的，是理智告訴我應該做什麼。

安德烈　這種義務倫理學不會很危險嗎？我們課堂上剛剛講到阿道夫・艾希曼（Adolf Eichmann），他在第三帝國時期時是將猶太人運送到集中營的負責人之一。一九六二年，他在以色列接受審判，他的辯詞是：他所做的不過是完成他的義務。

康　德　艾希曼理解的義務，和我說的義務是相異的。艾希曼認為自己有義務完成上司的命令，他的上司推到最上層就是希特勒。他因此也成為謀殺猶太人的幫兇。我談義務，所談的是重視道德規範而來的義務。若說從定言令式裡導出的義務導致猶太人被殺，就太荒謬了！

希拉 我所聽過的哲學辯論中，也有對定言令式不這麼說的，他們說：「我們不能將別人當成工具對待。」是不是有兩種定言令式？

康德 正式的說法是這樣的：「以人類的本質行動（不論這個本質是在你的人性中或者是在其他每個人的人性中），且這永遠都要是目的，絕對不能只是手段。」這不是另外一種定言令式，只是這個理論的另一種表述方式。我的重點是，對意願來說是否有一個沒有限制、永遠通用的目的，這個目的不為達到更高目的，本身就是目的，也就是說，人本身就是目的。除此之外，我還提出許多表述方式來解釋定言令式，但是我相信在這裡無法一一列出討論。人類本質公式已經被證實非常有幫助，因為它表達出人的尊嚴。

・康德對人性尊嚴的看法

希拉　它表達到什麼程度？您對於人性尊嚴的看法是什麼？

康德　人性尊嚴是一個東西，它可以作為達到任何目的的方法。但是人不是東西，人是人。我當然也可以把人當成方法來達成我的目的，例如說一個商人，我可以利用他來取得我的生活必需品。但是一個商人不僅僅只為了我的和別人的目的而活，他也有他自己的目的要達成，比如說服務他的顧客。

在自覺中或者自治中能夠設置自我目標，在這其中才存在這種特別的價值，即人的尊嚴。當我們尊重人的尊嚴時，我們行為舉止才是有道德的。當我們將別人只當成手段方法，利用他人來達成我們的目的，則是不道德的。例如奪取人身自由或者偷竊，我們利用別人或者別人的物品，僅僅是為了達到自己的利益。我想這道人性目的方程式，尤其對應用倫理學的議題，例如安樂死、基因治療、幹細胞研究等能夠提供珍貴的參考。

・自由意志與道德規範

凱文 您剛剛提到的科學研究，讓我想到自由意志的問題。科學研究的出發點不是說萬事皆有因嗎？如果真的是這樣，我們的行為不就早已被決定了，我們的意志其實是不自由的？那麼考慮我們的行為是否符合道德規範，豈不是毫無意義？

康德 我不是這樣看的，對於這一點我有不一樣的見解。我認為人之中可以再分為自然生物與理智生物。我贊成剛剛提出的看法，當人是自然生物時，會被原因限制決定；但是人作為理智生物時，他就是自由的。他在考慮計畫時，理智恰恰不會被自然因果關係影響。意志可以自由的向理智原則看齊。

凱文 但是這也是一種限定，即被理智所限定，那麼意志還是非自由的。

康德 這要看你對自由的理解是什麼了。道德上的自由，對我來說，並不完全獨立於「決定」(Determination)。這與意志被什麼所決定有關。如果意志被人類天性中的好感與興趣所左右，那麼這個意志就不是自由的，但是它如果只是被純粹的理智所支配影響，而這個理智是支持定言令式的，則這個情況下的意志是自由的。所謂自由，僅僅只是自律與自治。

第 4 堂課

為什麼我們需要新倫理學？（漢斯·約納斯）

漢斯‧約納斯（德）
Hans Jonas

時期：1903 – 1993 年

討論書目：
《責任原則》
（The Imperative of Responsibility）

猶太裔德國哲學家，師從胡塞爾、海德格、魯道夫‧布爾特曼等著名教授。1933 年，迫於德國國內的排猶浪潮，離開德國後輾轉居住於倫敦、巴黎等地，戰後移居美國。主要領域：生物倫理學、政治科學、宗教。

主持人 歡迎收看哲學論壇新的一集，今天我們的來賓是德裔美籍哲學家漢斯·約納斯。約納斯先生，您的書不僅在專業圈被閱讀，在圈外也廣泛被引用。從德國前總理施密特（Helmut Schmidt）在國會演說時引用您的著作開始，許多政治家從八〇年代起，便藉由引述您《責任原則》一書來增加聲望、贏取支持度。您對這個現象有什麼看法？

約納斯 很明顯的，我的要求震醒了人們——對未來的世代負起責任、護衛我們生存的自然基礎。直到這之前，自然環境幾乎不算是一個需要維護的概念，它反而像是人類為了自己的利益所剝削的對象。

主持人 是什麼契機，促使您開始思考科技與自然這樣的議題？

約納斯 說來是蠻怪異的，我開始思考這些是因為閱讀古希臘詩人索福克勒斯（Sophokles）的作品，他讓我領會了什麼是危害自然。在他的悲劇作品《安蒂岡妮》（Antigone）中有一首合唱曲子，曲中描述人類如何建立自己的生活環境，並在建造中因為技術的發明而掠奪了自然。人類鑄造了犁，為了耕田；人類編織了網，為了捕魚；人類奴役動物，為了建造自己居住其中的城邦等等。

人類雖然有巧妙的創造發明，但是在古希臘人的眼中，人類的權力是很微弱的（跟自然元素的絕對優勢相比）。科技干預自然，在古希臘人的觀念中一直都是膚淺的，而且也無法干預自然的生育力太多。但今天，這種情況徹底被顛覆了，為了能更清楚的展示，我借用掙脫桎梏的普羅米修斯（Prometheus）當例子。

主持人 普羅米修斯是將火帶給人類的那個希臘半神？

約納斯 是的，由於他把火給了人類，人類就有了冶鑄以及其他相關科技的可能性。但是他是在違反最高天神，也就是宙斯（Zeus）的意願下做出這件事，所以他被處罰，手鍊腳銬禁錮在高加索山。今天普羅米修斯掙脫了羈絆——科技進步，不斷超越，人對生活基礎的自然環境卻無任何作為，也不做任何反思。結果現在出現了生態危機，人類自做自受，面臨有史以來最大的挑戰。科技所承諾的，現在轉變為威脅。

主持人 這對倫理來說，有任何後果嗎？

・建立新倫理學的必要性

約納斯　我們必須要做的是，發展一個全新的責任範圍，得將人類以外的世界也包括進我們的倫理圈。直到現在，倫理規範在人類之外的世界、科技的領域都無效。傳統的倫理準則只對人與人之間的往來起作用。倫理是人類學的，單單只和人有關係。

主持人　您能解釋嗎？

約納斯　好，科技損害的潛力，猶如古希臘人所見，在以前的確非常微小，不足以造成巨大的、長時間的傷害，所以特別對這一點並不需要規章。人類干預自然的部分很受空間的限制，時間也無法持續到未來。而在傳統的倫理觀念中，這兩點正好是重點，倫理學針對的永遠是此時與此刻，還有行為者的周圍——倫理學永遠是鄰近的倫理。所以傳統倫理學的基礎名言是：「愛人如己」、「己所不欲，勿施於人」等等。行為者與他人在這裡永遠都是當下共同的夥伴。

主持人　為什麼這會是問題呢？

約納斯　今天，科技的可能性已經發展到這般，行為的效應不只影響我們的周遭，也影響到整個地球了。您想看看，溫室效應產生將會破壞整個大氣層的廢氣，而根據新科技的可能性，我們行為的後果不只比以前的空間更大，而且還有新的時間性：科技會影響人類的未來。工業時代的人類在現代生活中消耗能源、生產廢料，好像這些人有四個地球可供揮霍似的。如果我們再繼續這樣生活下去，而其他人也想要這樣的生活水準時，地球有一天會不再適合人類居住，未來的人類也無法在地球上帶著人類尊嚴生活下去。

主持人　符合這種挑戰的倫理學是什麼樣子？

約納斯　最高原則必須是：我們行為的後果必須被地球上長期的、持續不斷的、有人類尊嚴的生活所接受。我將它稱之為「新定言令式」。我們也可以這樣表達：「你行動的後果不會破壞讓你能在未來如此生活的可能，才能行動」。

主持人　您原本的命令式，就是引自康德定言令式的那個又如何呢？您對那個理論不再滿意嗎？

約納斯　定言令式要求自我思考的是：我是否能夠願意讓我行事的基準——主觀個人的原則——成為一般性的法則。我是否能夠願意，或者不願意，根據康德的標準，在於有邏輯的自身兼容性。行為要合乎道德，必須想像它能夠放諸天下毫無矛盾。就純粹邏輯性的觀察，人類總有一天會終止存在，這個想像中沒有矛盾之處。即使是眼前這個世代，要用未來世代的不幸來買自己的幸福這個想像，其中也沒有自我矛盾之處。因此，我認為定言令式是不夠的。這套理論只在現世有用。若要迎接科技進步的挑戰，之前已經說過，倫理學的一個原則是：必須確保無限的狀態，且那些條件不會危害人類在地球的無限連續性。

・新時代的定言令式

主持人　這不也是政治在要求的嗎？

約納斯　是的，新的定言令式甚至主要取決於政策——這一點，與要求個體將個人行事準則提升至普遍法則的定言令式，大不相同。與之相對的是，確保未來世代人類能有尊嚴的生存條件，是一個超越個體、私人行為的任務，這也牽涉到政府政策的基本條件。

主持人 我無法想像這具體是什麼？要讓未來的世代還能有人類尊嚴的生存下去，詳細來說必須做什麼，或者放棄做什麼？

約納斯 首先，有一個研究長遠效益的學門是重要的。我們必須投入所有一切，來研究我們的行為對未來的影響。我想，人類行為的影響絕對不可能通通都被預測出來。但是，至少我們能夠將可能會賠上未來世代的危險揭露出來。然後，引發恐懼的原則就會起作用，意思就是，災難預告必須先走在解救預告前面。假設某種科技有可能會危害人類的未來，那麼在道德上，就不能為它辯護，也不能說這種科技是可以使用的。

主持人 這與我們一直以來，在社會上的實際情況背道而馳耶！今天大家的想法是，只要能用某種科技，那人類就會去運用，即使這項技術好像只對人有用。這種重要、嚴峻的要求，您可以說明一下理由嗎？

約納斯 您想一下，在沒有把握且條件不明確之下，我們的行為無異是一場賭博。即使真的是賭博，結果如何也是不可知的，所以我們要問自己，我們能下的賭注是什麼？規則很清楚，那就是一個賭徒所下的賭注必須是屬於他的，不能是屬於別人的。我在一場賭局中，不能使用別人的利益為賭本。

主持人 這樣一來，沒有誰能夠做什麼了。人類的事務是如此緊密的交織在一起，我的行為也同時會觸動別人的利益，這是完全無法避免的。

約納斯 這一點我不否認，但是必須要有一個最低要求，就是不能允許有人故意、輕率的將別人的利益置於危險之地。如果有人為了虛空的目標，將未來世代的生存等有重大意義的事置於險地，為的就是讓自己得到短期的好處，那就不合理。此外我還認為，沒有人有權利將整體的利益當成賭注。總之，他人的生存權或甚至是全人類的生存權，絕不允許被拿去當籌碼。

主持人 您如何判斷，當一個國家元首在戰爭時期為了國民的未來，而將民族的生存孤注一擲？

約納斯 我覺得沒有人能在道德上說他什麼，因為這裡談的是損害的預防。為了防止最糟糕的後果而將整體都投注進去，是可以允許的。但若是科技相關的情況，這就不是理由。自法蘭西斯·培根（Francis Bacon）與勒內·笛卡兒（René Descartes）以來，所有致力科技進步的努力都是為了人類的幸福。我們可以為了防止最壞的情形發生，將全部都押上，卻不可以為了最高的利益做這樣的事。原因很簡單，我們沒有最高的利益也能生存，但是最糟的情形一發生，我們就活不了了。

主持人　約納斯先生，非常感謝您接受這次的訪問。

第 5 堂課

我們究竟需要國家做什麼？
（霍布斯、洛克、盧梭）

湯瑪斯·霍布斯 (英)
Thomas Hobbes
1588 - 1679 年
討論書目：
《利維坦》
(Leviathan)

政治哲學家，提出「自然狀態」、國家起源說、機械唯物主義。霍布斯的思想對其後的孟德斯鳩和盧梭有深刻影響。主要領域：政治哲學、歷史學、倫理學、幾何學。

約翰·洛克 (英)
John Locke
1632 - 1704 年
討論書目：
《政府論》
(Two Treatises of Government)

在英國經驗主義上，與喬治·貝克萊、大衛·休謨並列代表人物。洛克提出與湯瑪斯·霍布斯的自然狀態不同的理論。另有心靈有如白板(tabula rasa)學說。

尚·雅克·盧梭(法)
Jean Jacques Rousseau
1712 - 1778 年
討論書目：
《社會契約論》
(The Social Contract)

啟蒙時代的瑞士裔法國思想家、哲學家、政治理論家和作曲家，與伏爾泰、孟德斯鳩合稱「法蘭西啟蒙運動三劍俠」。主要領域：政治哲學、音樂、教育、文學。

主持人　歡迎來到我們今天的哲學論壇，這次的議題是：「我們究竟需要國家做什麼？」很高興成功邀請到三位最重要的國家論哲學家！這位是來自法國的尚．雅克．盧梭、這位是英國的約翰．洛克，以及最後一位也是來自英國的湯瑪斯．霍布斯。

霍布斯先生，我們先請教您好了，您被公認是現代國家論哲學的開山始祖。在一六五一年，您出版了一本政治學作品，並將它命名為《利維坦》。請問這個像謎一樣的書名究竟代表什麼？

霍布斯　是的，在我那個時代，大家對舊約聖經都還很熟悉。在約伯書、以賽亞書，以及詩篇中，都曾提到一隻名叫利維坦的海怪，外型像蛇或龍，讓人類既驚恐又懼怕。我將這隻怪獸的形象拿來比喻國家的暴力。國家代表地球上最高的權力、驚懼與恐怖，其他的權力都臣服其下。

主持人　這和亞里斯多德對國家的描述，完全不同耶！亞里斯多德直到中古世紀都還有深遠的影響力。對亞里斯多德來說，人是社會性生物，國家沒有什麼好怕的，國家在一定程度上只是補充人的不足罷了。

霍布斯　是的，您說的完全正確，但是我不再將人視為社會性生物，我的出發點從人是「個體的人」，以及人有「個體自由」開始。沒有誰天生是別人的下屬，不能根據這個理由，合理化對個人自由的限制，即使限制自由的是國家，每個國民都同意被國家限制自由也不行。我想在《利維坦》這部書中凸顯出，散播驚懼和恐怖的國家，是奠基在所有人的支持上的。

主持人　您能否將您的論點再重覆一次？

・霍布斯的「自然狀態」理論

霍布斯　您想想看，為了證明國家的存在是正確的，我從「自然狀態」開始換句話說，從我所想證明之事的相反開始。

主持人　但是那樣的情況，在地球上再也找不到了。哪裡還有人生活在自然環境中？

霍布斯　您還沒有理解我真正的意思。我的自然狀態指的不是原始、發展中的狀態，不是指人在科技技術發明之前。我所說的自然狀態，是人在國家出現以前的時候，也就是沒有統治、沒有法律等等的狀態。而且，這些不過是思想實驗，假設一個沒有國家的狀態，為的是研究會出現哪些缺點。從這裡會導出國家究竟為什麼是必要的，我相信，如果我們能夠消除這些缺點，所有的人都會贊成國家性的權威。

主持人　哦，我懂了。那麼我們在講的缺點有哪些呢？

霍布斯　自然狀態對我來說，是透過一個人人都是敵人的戰爭特徵，凸顯出來的。我不是要藉由這個說法，來表示人沒有國家就會永遠生活在戰爭之中。但是人們會一直互相猜忌、採敵對態度，隨時都準備要抄起武器打個你死我活。用具體圖象化來傳達，Homo homini lupus 這句拉丁文意思就是：人對其他人來說就是一隻狼……。

盧　梭　……不是吧，這是胡說八道！就像我在《論人類不平等的起源與基礎》中，我已經證明人類天性根本不是自私和險惡的。

主持人　盧梭先生，請您讓霍布斯先生先說完。馬上就可以輪到您發表您的觀點。

霍布斯　我不是胡說八道，盧梭先生。如果我們實際觀察，人類真的是只對自己的安樂感興趣，他們是自私的。這個——如果您要這樣說的話——悲觀的人類形象是我在我國內戰中長期觀察得來的，這場內戰威脅了我的存在，還在一六四〇年的時候迫使我逃到法國，過了十年的放逐生活。此外還有，大自然造人的時候，把人都做成差不多同一個樣子。如果你夠狡詐或者和別人結盟，那即使是最弱的人也強壯到可以殺死強壯的人。這些都導出：在自然狀態中，沒有人能要求得到他人得不到的優勢。如果沒有國家的話，人人都有權利索取任何東西，這樣一來就有競爭和紛擾，也就是導致我剛剛所說的，每個人都與其他人對戰。

・霍布斯的「社會契約論」

主持人　那像這樣的戰爭，如何能夠避免？

霍布斯　唯一的辦法就是成立一個一般化的力量，也就是成立一個國家。我將國家的誕生視為社會契約，但是這個契約不能和貴族與平民之間簽定的合約，也就是宰制契約混為一談。

訂定社會契約的是公民與公民，而不是公民全體與君主。如果戰爭的起因是爭奪所有東西的權利時，那麼為了維持和平，人們必須在彼此之間協議一個契約，在契約中，大家要宣告、放棄對所有事物的權利，並將權力移轉給單一的一個人，即有權威的一個個人。這個有權威的個人透過他的權力，有能力防止大家互相侵犯，也保護大家免於外來的入侵。這個任務當然也可以由一群人組成的議會來負責。

主持人 您真的認為，人會自願放棄他的權利？

霍布斯 是的，即使是一個自私的人也可以看出，長期下來，比起在戰爭中一定會有的（持續的）死亡恐懼，在和平與安全中生活對他是非常有好處的。而且一個自私的人一定想要盡可能舒適的生活，而要擁有這種生活，和平就是先決條件。

主持人 如果有些人不合作，不簽契約怎麼辦？

霍布斯 這的確是一個問題。只有在其他人也一樣放棄權利，並且在放棄的同時不會得到任何好處，這個人才會自願放棄他的權利。因此每個人也都能預料到，如果不是每個人——權威者除外——都放棄他們的權利，契約根本不能成立。

雖然如此，我還是要再一次提醒，我們現在做的不過是在腦袋裡假想，在想像中做實驗。契約不過是比喻，不是真的拿出紙筆來簽字。相信現在我已經清楚的證明，所有只要會思考的人，都會簽下這個契約。由此我可以導出國家的成立假設，是完全公平合理的。

主持人　我理解了。那麼根據您的觀點，國家的權力有多大？

霍布斯　這個可以從我們到目前為止所說的得出答案。只要國家能夠保障國民的和平與安全，國民對國家就必須完全順服。沒有人有權去違背權威者的意願，就算覺得自己被不公平的對待，也不可以。如果權威者因為維護和平的需要而將無辜的國民處死，他也沒有義務要說明理由、為自己辯護。國民順從國家的義務，只有在國家不能再完成保障和平的任務時，才會終止。

盧　梭　一派胡言，令人生氣！這樣一來，甚至是絕對權力的君主政治都可以合理成立了！我這個民主人士完全不能接受這種理論。而且在這個理論中，人民既沒有自由也沒有權利，怎麼可能有人會同意。

霍布斯 您認真的想一想，只有強大的國家才能夠支撐起真正的和平。這是我從我國內戰中的混亂裡得出的結論。這個內戰直到一六四九年才被獨裁者克倫威爾（Cromwell）終結。相對於無政府狀態的恐怖，專制政體的危險遠遠不如呀！

主持人 我不確定這一個方案是否比較好。洛克先生，現在輪到您了，您因為一六八九、九〇年的著作《政府論》，被認為是自由主義的創始人，同時也是美國憲法的開路先鋒。您對您同事霍布斯先生提出的，對國家概念的哲學思考有什麼看法？

洛　克 我覺得他的理論非常矛盾。國家透過社會契約而合理成立，這個我覺得就政治哲學而言，是一個很天才的想法。我很理解霍布斯，但是對他提出的自然狀態，我有別的看法，因此我對國家概念也就產生了不一樣的見解。

即使是沒有國家這種權威的狀態，對我來說，也不一定就是毫無約束、沒有節制的狀態，自然的律法與義務仍然是存在的。如果大家肯用理智，理智就會教你：沒有人可以被允許殺人、傷害人、偷竊或者褫奪別人的自由。因為在人人平等的情況下，我自己索求的權利也必須同意別人去索求，換句話說，也就是生存的權利、身體不受傷害的權利，以及自由與擁有財產的權利。

・洛克的「自然權利」理論

主持人　您說的是人權？

洛　克　對，我把它叫做「自然權利」。這是每個人作為人不能轉讓的權利，也就是在自然狀態中就存在，不是國家授予的權利。

主持人　如果在自然狀態中，就有這種權利以及與權利相對的義務，那人類共同生活還有什麼問題？

洛　克　您想想看，理智賦予我們自然（天生）權利，是普及而且抽象的，因為這個權利沒有清楚的規劃，所以在使用的時候就會有問題。怎麼條例解釋這個權利，可能會引起爭端，尤其是解釋者不公正的時候。此外，也可能產生一個問題：當權利不顧反對得以貫徹的時候，導致某人其實有理，卻受到不公正的對待。

主持人 面對這種情況，國家必須做什麼？

洛　克 這不是很簡單嗎？國家有義務透過清楚表達的法則，將自然權利具體化。此外，國家還必須監督這些法則被確實遵守了。為了平息爭端，國家需要法官公正不偏頗的解釋法則。如果我們將這些總結起來，可以說國家有保護自然權利的任務。

主持人 允許國家違反這些法則嗎？

洛　克 絕對不行。即使是國家，也必須尊重人在自然狀態就已被賦予的自然權利。在我看來，國家最高權力代表一個對人民自由的重大危險，這是我與霍布斯理論的差別。所以我們必須建立一個國家，其中的人民不被權力的濫用傷害——這是自由主義的基本訴求之一。

主持人 您如何達到這個理想？

洛　克 透過權力分裂。立法權（給出法則的權力）以及施行機構（所設法則得到承認的地方）必須分開，而立法權也得被監督控制。在這裡，我想的是一個立法集會，立法時如果違反國民意願，國民可以再選出或者改變立法集會。此外，我的法國同事孟德斯鳩（Montesquieu）繼續發展分權這個想法，分開司法權、立法權。如此一來，國民的自由就可以被有效的保障了。

盧梭　滿嘴胡言！所謂的自由主義和自由根本扯不上關係，它只不過是市民階級在自我辯白。對您而言，洛克先生，自由所代表的意義只對富有、有資產的人有效。您的國家概念只不過是一個守夜人國家（Nachtwächterstaat），這種國家，只需要看著富有市民的資產不要被偷走。對我而言，一個人不止僅有資產不被拿走的權利，還有主動要求個人財產的權利。意思是，社會上的資源必須平均分配給所有的人，國家有義務、責任消除貧富之間的差異。

主持人　既然您又毫不客氣的插嘴進來，我們現在還是開始聽您說吧，盧梭先生。請先讓我簡短的介紹您一下：您被公認是法國大革命的精神之父，革命先驅聲稱是受到您思想的啟蒙，才發起革命。我們剛才已經聽到，您堅決反對霍布斯與洛克的理論，這就讓我非常驚訝，為什麼您主要著作的書名甚至還是《社會契約論》呢？

・盧梭的「社會契約論」

盧　梭　這個名詞是唯一一個和兩位先生的共同之處，除此之外，我不願和他們有任何瓜葛。而且我聲稱，我是唯一一個正確理解社會契約概念的人。之前也已經說過，我的重點在於人的自由，這個想法是在一七六二年開始的：人在自然狀態中是完全自由的。我的眼睛不論落在哪裡，都看到人身戴枷鎖。政治哲學的根本問題因此是：如何找到一個會保護個人，但不必放棄個人自由的國家形式？

霍布斯　這怎麼可能！

盧　梭　怎麼不可能？當然有辦法，如果實現一些先決條件的話！但是因為時間的關係，我現在只能列出兩點。第一個先決條件是，訂立契約的所有人，都必須確實的被平等對待，連一個例外都不能有。所以絕對不能像霍布斯所言，有一個權威處於這個契約之外，不但不必放棄自己的權利，反而還可接收所有的權利。不是一個權威的專斷意願在左右國家的行為，而是大家共同的意願。

在政治上的問題，國民的意願必須是決定性的，社會契約的概念必然是走向民主。也就是說，所有的政治決策都必須直接詢問所有的國民，只有如此，國民天生被賦予的自由才能被保障：國家的意願與每個個人的意願是一致的情況下，人是自由的，因為他在臣服於國家的同時，其實也不過就是跟隨他自己的意願。

洛克 但是，如果在決定事情時詢問國民，產生的意見五花八門，根本不會有一個統一的意願出現。這也可以理解，因為每個人的興趣都不同，例如一個開工廠的人所想要的，當然和工人的不同。

盧梭 在這一點上您是對的。一般性的意願不等於個人意願的總和。我剛好可以從這裡切入第二個先決條件。不同的興趣裡產生不同的意見時，我們要做到的是：讓不同的興趣根本不會發生。當這些不同興趣的來源，因為所擁有的多寡比例而不同時，那我們就必須保證每個人擁有一樣多。

所以社會契約必要的是：人不只是放棄他們的權利，同時也必須放棄他們的所有物。對國家來說，也同時產生了平均分配社會財物的責任義務。如果所有人都放棄同樣的東西，就不會有不同的興趣，而只會有一個共同的興趣，就是保障共同生活的興趣。以上就是共同意願的統治，而有了這個，在國家裡擁有天生的自由才有可能。

霍布斯　這個想法完全不實際！歷史的進程已經告訴我們，這種想法是不可行的。直接的民主——這在您出生的日內瓦這種小國也許還可以，但是在十八世紀後，世界上到處都是版圖遼闊的國家，根本不可能實施這種政治。而財產的共有，讓我想起東歐國家慘敗的共產主義實驗。

盧　梭　請不要忘記，領土廣大的國家也總是以典型的民主形式實行民主。而若沒有我對財產平均分配的要求，十九世紀裡根本不會有爭取社會公正的奮鬥，沒有這場抗爭，就沒有我們的社會福利國家。國家對人民的福祉不能不關心，如果國家不照顧社會弱勢、病患、失業者或其他資源不足的國民，誰照顧？

洛　克　如果國家必須照顧所有依賴社會救濟的人，國家會破產——我們看最近這幾年德國的情況就知道了！

主持人　各位先生，很遺憾我們不能再深入討論下去，節目時間到了！在這裡，我們必須做一個結束。就「我們究竟需要國家做什麼」這個問題來說，雖然各位沒有達成共識，但是大家怎麼理解國家這個概念，也不是完全不相通。

無庸置疑的，誠霍布斯先生所強調，為了防止內部權力壟斷與對外保障人身自由，國家的存在是必要的。如果拿德國為例，我們會看到德國做為一個自由的憲法國家、保障人天生的權利，也猶如洛克先生所致力追求的。而德國最終也是一個民主的福利國家，它完全遵從您的要求，盧梭先生，照顧國民的安康，確保社會的平等。

霍布斯先生、洛克先生，還有盧梭先生，非常感謝今天的對談！

第 6 堂課

如何達成世界和平？（康德）

伊曼努爾·康德

(德 / 普魯士王國)

Immanuel Kant

時期：1724 – 1804 年

討論書目：

《永久和平論》

(Perpetual Peace)

康德是啟蒙運動時期的重要哲學家。他調和了勒內·笛卡兒的理性主義與法蘭西斯·培根的經驗主義，被認為是繼蘇格拉底、柏拉圖和亞里斯多德後，西方最具影響力的思想家之一。主要核心著作合稱「三大批判」，即《純粹理性批判》、《實踐理性批判》和《判斷力批判》。

保羅大吃一驚，因為在二十世紀戰爭中，有一億八千五百萬人喪失生命，人數和整個西歐，包括德國、奧地利、瑞士、法國以及荷比盧的人一樣多。保羅必須好好消化一下這個訊息，他關上電腦，走到床邊。他一直都覺得戰爭是殘酷的，歷史課上也講過第一、第二次世界大戰。

讓他感興趣的，是什麼樣的政治發展會導致這樣的結果？他問自己，要做什麼才能防止這樣的事發生。他決定寫一篇題目是《和平與國際法》的專論當作功課交。為了寫這篇文章，他在網路上查找了一些資訊，發現和平研究機構的「衝突指數表」計量過世界上超過三百五十個戰爭性糾紛。人類從慘痛的經驗中真的學不到什麼嗎？

在進行研究調查時，他也上了聯合國的網頁，在那個網站，他被指引去找撰寫《永久和平論》的哲學家康德。聽起來蠻有意思的，但是他想過幾天再好好去想這件事，現在他已經沒有精力了。又累又困惑的他終於沉沉睡去，夢中突然出現一個矮個子、穿著有點過時的男人。

康　德　請容我自我介紹，我的名字是伊曼努爾·康德。

保羅 我是保羅。您是寫《永久和平論》的那個康德嗎？

康德 正是在下，那是一七九五的事了。那時候普魯士王國、奧地利以及英國正在跟法國打仗。

保羅 那正巧，我在寫一篇題目是戰爭與和平的專論。請再跟我多說一些，好嗎？

康德 一七九五年四月五日，普魯士和法國簽訂巴塞爾和平條約（Basler Friedensvertrag）。我非常贊成，也很高興，因為我是支持法國的，法國有進步的憲法，也就是共和的憲法。如果陳腐的王國戰勝新興的共和，歷史的進步因此被阻礙的話，對我來說是非常震撼的。在這個前提下，我開始思考人基本上應該做什麼，才能阻止這類的事——不止是人如何調停武裝的爭論，還有要如何在未來全面避免戰爭。我想要的，不只是去特定締結某種和平合約，而是持續的和平，即永久和平。

・康德《永久和平論》概念

保羅　根據您的看法，我們要如何達成這樣一種和平？

康德　在那之前，我們首先必須滿足幾個先決條件。和平，舉例來說，在沒有互相的信任下是不可能的。只要世界上還有戰爭，有一些特定的、讓互信變成不可能的敵意，就必須被禁止。在這裡我說的敵意是暗殺，是製毒、支持叛亂等等。

再來的條件就是，對和平的意願必須是無限制的，國家不可以祕密地有所保留，以避免在某個時間點可能因此引發戰爭。我認為重要的還有：不能干涉其他國家的憲法和政治——這種行為可能導致新的敵意產生。出於同樣的原因，國家也必須停止常備軍的設置，因為這對別的國家是種持續的威脅，會使他國為了保護自己也開始整軍，造成無止境的軍備大賽。

保羅　您不認為威懾政策可以為和平作出貢獻嗎？

康德　不認為。我的同事湯瑪斯·霍布斯確實是抱持這樣的理論，先武裝自己是對入侵最好的防禦方式。但是我的想法是，這種政策最多只能達成休戰協議，不能享有永久和平。只要有武裝，實際發生戰爭的危險就一直會存在。這些武裝本身在某些情況下，甚至會是造成別人入侵的起因，所以我還是堅持：想要永久和平，必須廢除軍隊。

保羅 除了威嚇以外，難道沒有別的方法可以防止戰爭嗎？

康德 這正是我在和平理論裡發展的想法：只有走在法律的途徑上，才能夠到達和平。地球上所有的居民必須共同約是一個法條公約，就像國民必須遵守共同制定的國家法律一樣，這個國家法律也保護國民免於被侵害，而所有的國家，同樣地，必須遵守這個地球居民制定的法條公約。

保羅 請您再解釋得清楚一些。

‧以法定狀態克服自然狀態

康德 假設一個國家可以被視為是一個人，我們可以在國家和個人之間用類比法（Analogie）來推論。湯馬斯‧霍布斯之後，所有的哲學家都同意，國家之所以能夠擁有合法性，是因為它克服了人與人之間無法律的自然狀態。自然狀態是一個假設狀態，在這個狀態中沒有法律也沒有國家秩序，每個人在其中可以依自己的喜好行事。也正因為如此，就會發生衝突，因為這個人的專斷意願和另一個人的專斷意願不能相合。所以，理智的是，我甚至會說是義務，是透過法定狀態來克服自然狀態。

保羅 您認為，在國家之間存在這種自然狀態？

康德 是的。這種個人之間的自然狀態也可以拿來比喻國家：在這個狀態裡，國家可以隨心所欲，為了達到目的不必顧慮其他國家，因此會造成國際間的衝突。所以讓所有的國家遵守一個共同的法律，即國際法，來結束國與國之間的自然狀態，我認為是理智的。

保羅 那麼，解決和平問題的最佳辦法，不就是建立一個統一的世界國家，宣布法定的規則，用國際制裁來懲處違背法令的國家？

康德 不完全是喔！這樣一個世界國家的確是種理智要求，但可惜的是，這個要求在現實裡是無法被貫徹實施的。實際上，個別國家在抗辯它們的主體權不可被放棄時，就失敗了。此外，哲學上來看，國家也沒有義務去共同組成一個世界國家。個人之間的自然狀態和國家之間的自然狀態，存在一個決定性的差異：國家之間的自然狀態，本身已經是一個法定狀態。國家的法律早就存在了，我們有義務透過設立國家法律去克服自然狀態，但是國家並沒有義務透過設立世界法律，來撤銷國與國間的自然狀態。

保羅　那人要如何才能克服戰爭狀態呢？

康德　如果不可能實現世界國家的建立（這是最好的解決辦法），我們只好滿足於替代方案。這個方案是，國與國之間以一種結盟的方式，以避免戰爭行為為目標，自願團結一致。在這類的聯盟中，每個國家保有它的自主性，國家之間互相所約定的，就成為國際法。

保羅　一個國家的憲法內容，不也是和戰爭與和平的問題有關嗎？我可以想像得到，極權國家的憲法一定比民主國家的憲法威脅性大得多。

康德　你說得很對，所以我才要求：每個國家的民法必須是共和政體的。

保羅　您言下所謂的「共和政體」是什麼意思？

康德　當這個國家將立法權與行政權分開，我則稱此國家為共和政體。為了避免所立的法令奠基在統治者的專斷意願上，應該要獲得每個國民的贊同才對。這可能會使你把它跟民主國家的概念連結在一起，但是我對民主的論述是不同的。國民直接或者是專一的統治——這個概念原來是這麼形成的——在我的眼中，這不是理想的治理形式。但是這跟我們現在所討論的上下文沒有關係。

對專制君主來說重要的、最不用操心的事，就是去想怎麼結束戰爭，因為君主不必自己負擔戰爭花費。如果國民的贊同在決定是否開戰時是必要的，結果絕對會不同。我相信國民一定會好好考慮是否想要開戰，因為他們——不論戰爭結果如何——一定都必須付出相當的代價。因此我認為民主過程——為了說明，請容我在此處借用一下這個概念——會給永久和平帶來很大的貢獻。

保羅　還有其他因素是世界和平所必需的嗎？

康德　有。我對國與國之間愈來愈多的互動，抱著很大的期待，你們的時代稱這種互動為「全球化市場」。人類的傾向轉為獲利，雖然可以預料人為了獲利會產生激烈的爭執，但是我還是懷著希望。取得最大值的利益，最終還是必須以和平為前提，這樣的概念一定能夠貫徹。

・聯合國發想人：康德

保羅　在這個上下文的脈絡裡，您如何看待一直都很常見的「仇恨外來者」等敵意？

康德　我覺得這違反了世界公民權。這個地球不屬於特定的人，也不屬於特定的族群，它屬於所有的人。因為我們無法避免地球給我們的限制，所以每個人必須忍受身邊的人。這個意思是說，每個人在地球上的每一個角落，都有權利被視為是客人而不是敵人。克服人與人之間的不信任與偏見，也屬於世界和平的一部分。只要我們面對外來的人還抱懷敵意，就不會有永遠的和平。

保羅　我在網路上查到，您是聯合國組織的發想人。

康德　是啊！經歷可怕的第一次世界大戰後，國際聯盟（Völkerbund）一九一九年在日內瓦成立，這個組織非常明確，且完全依據我的國際法概念。可惜沒什麼國家有興趣加入，所以沒有達到必須有的影響力，第二次世界大戰爆發之後，這個組織基本上就擱淺了。聯合國組織（UNO）則由五十二個國家在一九四五年發起成立，成功地重新拾起國際法的概念。今天，你應該知道，一共有一百九十三個會員國在聯合國占有一席之位，為國際法代表自己的國家發聲。他們最重要的任務，就是維護世界的和平以及保障人權。

——

叮、叮、叮！手機鬧鈴響了。保羅從夢中醒來。

「剛才發生了什麼事？」他驚奇的揉揉自己的眼睛。「說出來沒人會相信，快！到電腦前面，在忘記之前，我得把一切都寫下來。」

第 7 堂課

如何獲得幸福與德行？（亞里斯多德）

亞里斯多德（希臘）
Aristotle

時期：西元前 384 – 322 年

討論書目：
《尼各馬科倫理學》
（Nicomachean Ethics）

古希臘哲學家、柏拉圖的學生、亞歷山大大帝的老師。亞里斯多德相當博學，著作包含物理學、形上學、詩歌（戲劇）、生物學、經濟學、邏輯學、政治以及倫理學。他和柏拉圖、蘇格拉底共同被譽為西方哲學的奠基者。亞里斯多德以系統的方式講述哲學，包含道德、美學、邏輯、政治和形上學。

珍妮今年和父母在希臘度假，今天的行程是雅典一日遊。為了這一天，她已經期待很久了，她不想一直在沙灘上散步，想進城逛一逛，看看蘇格拉底、柏拉圖、亞里斯多德、伊比鳩魯等偉大哲學家們曾經生活過的城市。

關於這些人物，她在哲學課上已經略知一二。首先，珍妮和父母去參觀「阿哥拉」（Agora），希臘文原意是「市集」，在古希臘時期，雅典的公眾活動都在此處舉行。古希臘柱廊建築還剩下一些斷壁殘垣，但是其中一座阿塔羅斯柱廊（Stoa des Attalos）居然還被重建！她可以想像得到，蘇格拉底在這裡面對雅典公民發表演說。互相對照之下，曾經雄立於雅典，柏拉圖創建的哲學學院卻已崩毀無蹤。原址附近應該是伊比鳩魯和他的信徒們隱居的花園。最後她還尋訪「呂克昂」（Lykeion）遺跡被挖掘出來的地方。

珍妮原本希望可以看到消遙學派（Peripatos）的廊柱建築，那是亞里斯多德和他的朋友們踱方步漫談哲學的地方。但是這些都已無跡可尋，好惆悵！她身後有人拍了拍她的肩膀，她轉頭一看，是一個滿頭滿臉黑色捲髮的老先生，朝她神祕地微笑。不知為何，他看起來像她哲學課本裡亞里斯多德的圖像。

亞里斯多德 小姑娘，為什麼這麼不開心啊？所有的物質都是過眼雲煙，不會長久；恆久不變的是精神思想。我的老師柏拉圖如是說。

珍　妮 您真的是亞里斯多德？寫《尼各馬科倫理學》的那個人？

亞里斯多德 是，妳認出我了。我就是第一個系統性把倫理學寫成書的人。

珍　妮 我有幾個問題想請教您，您准許我發問嗎？哲學課上已經講過，但是我沒全懂。

亞里斯多德 沒問題，我有時間。我們散散步吧，思路比較暢通。

珍　妮 為什麼您的倫理學叫做尼各馬科倫理學？

亞里斯多德 很簡單，尼各馬科是我父親的名字，我給兒子取名也叫尼各馬科。我的倫理學是獻給他的。

珍　妮 但是從您倫理學的內容來看，應該取什麼書名？我讀到很多詞語，例如「德行倫理學」（Tugendethik）和「幸福倫理學」（eudämonistische Ethik）。

亞里斯多德 兩個都對。「德行倫理學」這個語詞只說明了我論述的一個專門部分，這個部分受到非常多的重視。而整個倫理學的切入點在於幸福，希臘文是eudaimonia，所以叫做「幸福倫理學」。

珍　妮　您對「幸福」（Glückseligkeit）的看法是什麼？

亞里斯多德　首先，我們必須先將兩種好運（Glück）分辨清楚。有一種好運是人可以擁有的，例如某人有賭博的運氣；然後還有一種好運，是人感知到的，那就是幸福——這是我感興趣的現象。

珍　妮　可以請您解釋一下嗎？

亞里斯多德　每一個人都想要幸福，誰都不例外。我們所做的每件事都在追求一種善、好，意思是追求一個目標——這個目標對我們來說代表某種好。例如有人運動，為的是保持精力充沛，所以他做運動，因為他認為精力充沛是好的。

珍　妮　我理解了。如果他不認為這個目標是有價值的，就不會去追求，而會去做其他的事。

亞里斯多德　對。有些人學習某些東西，因為這些東西會給他職場上的優勢；或者有些人省吃儉用，為的是存一筆錢可以去旅行。在這些例子中出現一個問題：為什麼人希望自己精力充沛？為什麼人希望自己事業有成？為什麼人想要去旅行？

珍妮 也許想活到高齡、想多賺一點錢，還有認識遠方的國家地理？

亞里斯多德 對。這些人類在行動時所追求的目標，都指向了一個更高的目標。這裡我們又可以再問：這些更高的目標背後還有更高的目標嗎？目標會無止境的一直增高，還是有一個最高終極目標，也就是之後不再有目標存在的終點？

珍妮 那您的回答是什麼？

亞里斯多德 無止境在這裡說的是：如果不存在一個最終目標，我們的行為就沒有意義。所以我主張有一個最高目標的存在，因為它，所以替我們所有的作為賦予了意義。這個最終目標就是 eudaimonia，即幸福。其他的好，例如聲望或者快樂，其實都是人為了擁有幸福而追求的，但是我們不會為了擁有其他的好而追求幸福，我們追求的是幸福本身。幸福本身代表一切值得追求的，它不需要再添加其他的好，幸福是所有善好之中的最好。

・如何達到最高層次的幸福？

珍　妮　聽起來很合理。但現在的問題是，我們怎麼到達這個最終的善好，即得到幸福？

亞里斯多德　幸福並不如同大多數人的想像，一輩子享受、只追求感官的滿足、屈服於肉體皮囊的慾望和激情，這樣只會感到動物性的，非人性的存在。

珍　妮　但是慾望也屬於幸福啊！我不能想像一個幸福的人生裡沒有慾望！

亞里斯多德　我承認慾望是組成幸福的一個要素，但是純屬感官的享樂生活不會通往幸福。讓我們幸福的生活形式，必須有特別的人性品質。人和其他生物最大的不同是人有理性（lógos），即理智，在現在這個上下文脈絡裡，這個詞也許翻譯成「思想」比較好。

動物舒不舒服的感覺只被感官愉不愉悅所支配，與之相比，人不僅僅有感覺，還有可能性去思考，是不是要與這個感覺發生關係，比如說，他可以屈服於這個動力，或者抑制它，或透過思考駕馭它。而他舒不舒服的感覺則取決於他是不是以對的方式，做了讓感官愉悅的事。

珍　妮　什麼是對的方式？有尺度標準告訴你，應該如何去應對這個動力嗎？

・亞里斯多德的「中間學說」

亞里斯多德　有，中間就是正確的，希臘文叫做 méson。所以我的學說也被稱為「中間學說」。（註：此與中國哲學的中庸不同，又可譯為「中道」）

珍　妮　我不明白，那是什麼意思？

亞里斯多德　對的方法是一個德行的標誌。

珍　妮　這也是一個我不知道如何理解的概念。

亞里斯多德　德行，即 areté，我將它解釋為固定的行為，也可說是一個性格特徵。這種行為和不道德行為的差異是，檢視它是否被放置於中間。我所說的不是平庸、中等，而是在太多與太少的中間。我們拿勇敢來當例子，它處於無畏（什麼都不怕）與怯懦（避開所有危險）的中間。

珍妮　一個懦夫不是勇敢的，這個我懂，因為他會避開每個危險。但是無畏不就等於是勇敢嗎？

亞里斯多德　不是，因為他對危險沒有概念。我們不稱什麼都不怕的人勇敢，而是克服他的害怕的人才是勇敢。我再舉一個有關如何應對肉體慾念的例子：面對慾念時，自我控制介於放縱沉溺與（比較少見的情況）痲木遲鈍之間。第三個例子，我們舉對於金錢採取的行為：慷慨大方介於浪費與吝嗇之間。

珍妮　請您將慷慨的尺度界定一下好嗎？慷慨到什麼程度會造成浪費？什麼程度是不再吝嗇了？

亞里斯多德　這無法清楚的用數字表達。我們無法說在一定的時間內，花了比某一數目多的錢就是浪費。這取決於具體的狀況。中間到底在哪一點是依情況而定的。如果我們感到困惑，則必須向一個有德行的人尋求建議，看他在這種情況下會怎麼做，或者可以依據一些道德行為典範來行動。

珍妮　瞭解。那現在一個人要怎麼成為有品格的人？品格是先天的嗎？還是能夠後天掌握？

亞里斯多德 雖然要有先天的資質才會行為有德，但是這個資質不會自己建構成形，而是要透過學習，透過實踐來學習，即練習。就像彈鋼琴不能透過學習音樂理論，而是透過實際彈奏練習一樣，所以透過高談闊論哲學善好如何如何，不會讓你成為有德的人，透過道德實踐才會。一個符合規則的人必須以符合規則的行為養成，一個思慮審慎的人經過思慮審慎的行為來養成，以此類推。

珍妮 如果我正確理解了，您的意思是，您對人如何行為才能得到幸福的這個問題，給的答案是：人的行為要符合德行規範。

亞里斯多德 是的，你的確理解了我的意思。雖然如此，這一條路還是有限制的。行為符合德行，只是通往幸福的第二選擇。比這個選擇更好的，是將我們的生命奉獻給純粹的思考，即精神上的觀察。人和動物的差別（先前已經說過）在於理智，lógos。所以人類生活最高的滿足，在於我們理智能力中的控制能力。我知道作為具有身體需求的生物，人無法總是專注於精神沉思，但至少我們要努力。

・幸福與倫理學的關聯

珍　妮　為什麼您將您有關幸福的論述，放在倫理學的範疇內來表達呢？個人的幸福和道德行為有什麼關係？

亞里斯多德　我相信你和許多跟你同一世代的人一樣，對倫理這個概念的理解很侷限。根據我的理解，倫理與人格（ethos）有關——這是一種態度，或者讓你的生命有意義的人生觀。一開始，這是一個關於「什麼是好的生活」的問題，而不是「我怎麼對待別人」；比較晚期之後，倫理學的視角才縮小到行為者與他人的關係。

但是，我們言歸正傳，回到你的問題，我的幸福與別人的幸福之間當然有關聯。我作為一個人，什麼對我是好的，對別人一定也是好的。如果我在行為的時候顧慮到這一點，我自己也能變得快樂，同時也對別人的幸福有所貢獻。就我的觀點來看，美好的品格，既是個人幸福也是道德行為的先決條件。和大部分近代思想家不同，我的見解是：如何符合道德規範行為與如何擁有個人幸福的問題，這兩者是不可分的。

「珍妮，妳在哪裡？」珍妮聽到媽媽在叫她。

「我們找妳找了半天。妳為什麼不跟緊我們？妳在和誰說話？我不喜歡妳跟陌生男人講話！」

「媽媽，那不是什麼陌生男人……」

「這個等一下再說，快過來。不然載我們回飯店的巴士要趕不上了！」

——

第 8 堂課

如何理解工作與個人所有物的概念？（約翰·洛克）

約翰·洛克（英）
John Locke

時期：1632 – 1704 年

討論書目：
《政府論》
（Two Treatises of Government）

英國經驗主義論者、提倡社會契約、自然狀態。在《政府論》中，洛克主張公民社會是為了對財產權利提供保護才產生的。洛克所謂的財產，包括擁有「生命、自由、財產」的權利。洛克的思想對於後代政治哲學的發展，有巨大影響力。

阿羅夫內克爾（德國工業聯邦協會的前幹部、多家大財團監事會的成員以及國際管理榮譽教授）坐在他的電腦前面，正在準備「工作」、「個人所有物」的授課內容，所以他在谷歌搜尋網頁上鍵入「約翰·洛克」以及「工作概念」做關鍵詞搜尋。內克爾還沒按下「輸入」鍵，螢幕就突然一黑，然後電腦裡出現一間書房，裡面有個中年男子正坐在書桌前做筆記。這個男人轉身，從螢幕裡注視著內克爾的眼睛。「啊，您終於來了。我正在等您。」他站起身來說，一邊披上褐色的居家外套，坐進一張舒服的單人扶手沙發。

洛　克　我簡單的自我介紹一下，我的名字是約翰·洛克，哲學家、政治家以及教育家，多重身分集於一身。

內克爾　您是第一個寫出資本論概念，讓概念流通於社會的約翰·洛克嗎？

洛　克　令人汗顏，不敢當不敢當，的確是在下我。我寫出人必須工作才能得到財富，另一方面也企圖讓人明瞭，懶人與乞丐沒有要求福利與支持的權利。

內克爾　聽起來很極端，但跟我的觀點倒是大部分相合。我既然有機會請教您本人，如果您能再簡略講述一次您的工作與所有物（財產）理論，那就太棒了！

・洛克的「自然狀態」理論

洛　克　我很願意。我的理論出發點是：我們必須能夠養活自己。原始社會——更正確的描述——初始自然狀態的人，只有在他以正當的方式，將自然的果實據為己有，才能夠養活自己。他將自然的果實——也叫做自然的產物——從原初狀態解析出來，再混入別的產物，這就是他的勞動。

如果我們來設想，假如每個人出生之後馬上可以養活自己，那麼自然產物變成他的所有物是當然的。透過養活自己，人就屬於自己，而與此相應的，他的勞動結果也會是他的所有物。這個人可以隨之把他從自然中得到的產物據為己有，因為他自出生後就已經據有某物：他自己。

內克爾　對不起，我可以打斷一下嗎？約翰，您說得太快了。您能夠再解釋一次，為什麼初始自然狀態的人，可以直接摘取自然的果實？

洛　克　當然沒問題。人只能夠透過自身勞動，才能將自然的果實據為己有。「據為己有」這個詞表示：人將某物變成適合自己使用，而且只有他才有權利使用。人自己主動占據某物，並且將之變成他個人的所有物這件事——我們剛剛說到的——第一次發生的時候，是當人在養活自己時，也就是將自然產物變成了自己的一部分。人現在如果去將自然產物從自然狀態中解離出來，他就將自己的一部分，也就是他的勞力，混進了這個自然產物裡，而以這種方式，人也將產物變成了自己的一部分。如此這般，他就從自然產物裡贏得了他的所有物。

內克爾　能將您的論點用例子說明嗎？

洛　克　好的，這個當然可以。一棵樹被施肥改良之後，長出更多的果實，這是人為了有這樣的結果，所以以勞力介入。換句話說，這是一個勞動過程與一個天然材料的結合，以此來獲得成果。人將自身勞力（A）與天然材料（N）混合，這只不過是一個過程，而通過這個過程產生了NA，就成了結果。

內克爾 這樣說來，一個初始自然狀態的人，走進樹林收集橡實，跟把自然產物從共有財產中拿出來，然後占有，不是一樣嗎？

洛　克 不完全一樣，因為他只是拿著橡實，只是持有，並沒有把它變成自己的所有物。持有和變成個人所有物的差別是，某人只在某段期間拿著X，但是X不屬於他。例如小偷的手裡有贓物，所以小偷持有它，但是這個物品實際上是某人的所有物，是小偷把這個東西從他那裡拿走的。

內克爾 太好了，您讓大家注意到概念的差異，約翰。我現在完全意識到，所有物和持有物之間的差別了。但是，我們現在回到初始社會的人，進到樹林去採集橡實好嗎？一個人可以、且被允許將多少橡實，或者這類的產品據為己有？根據您的說法，大家可能覺得一個人可以把全部都拿走。

洛　克 我一開始的時後就說了，所有人都必須能夠養活自己——這也是常識告訴我們的。如果你有宗教信仰的話，當然也可以把它視為上帝的指示。一個人現在就算有能力將全部據為己有，他也不可以這麼做，而他一旦這麼做了，別人就會被他傷害，因為他違反了一個自然法則：人人有權得以過上和別人同樣好的生活。出於這個道理，人在初始自然狀態下收集到的橡實，不能多於那種舒適的、已足以享受的生活。果實的法則也適用於土地，每個人只能拿取符合他的能力，且足夠供給自己和家庭的數量。

內克爾　啊哈！您的理論是有一個限制的呀！還有其他相關的限制嗎？

洛　克　如果某人透過他的勞力，能生產出比他所需還多的產品，且只有在他讓所生產的物品兀自腐爛的情況下，他才算是觸犯自然法則。例如有人生產了太多李子，而他在一周內無法消耗掉這些李子，也無法不讓它們腐爛。這個據有的限制就是您認知的那個道理。這個人可以不受限制地將以自己勞力生產的、會腐爛的產物，跟可以保存比較久的產品交換，例如拿李子去交換堅果。

內克爾　您的意思是，也有貨物交換？也就是以物易物？

洛　克　沒錯。但是貨物交換在更先進的自然狀態裡，很快就被金錢所取代，因為以這個方式，一方面可以簡化交換，另一方面，會腐敗的產品可以換成完全不會壞的——金錢取得了物品的價值，所有人的意見應該一致，而它的流通也讓個人財富的取得變成可能，並且，人也可能會追求、獲得無限制的個人所有財產。

・廢除占有的阻礙

內克爾 嗯，如果我正確的理解了，所謂金錢的引入，一定是廢除了占有的第一阻礙，「每個人只能得到夠用的錢，好讓剩下的錢也能讓他人獲得」，對嗎？

洛克 完全正確。

內克爾 然後，第二個阻礙是：「每個人只能生產他能夠消耗的量」，也隨著金錢流通而消失無蹤，是嗎？

洛克 沒錯，但我們還要顧慮一點，金錢的導入是商業概念的基礎。金錢代表安全，貨物既然不會在生產者手上腐敗毀壞，生產者就能安心地想生產多少就生產多少——產生的盈餘可以變成金錢，金錢又可以變成資本再投資。以正式的方式來表達：人投入金錢，生產貨物，後以附加價值售出，人因此得到比投入的資本更多的金錢。

內克爾　根據您的理論，不是每個人在比較先進的自然狀態，或者是之後的市民社會中，都能夠擁有土地以及成為製造者？

洛　克　您的推論一語中的。沒有土地、沒有製造方法的人，只要能持續規律的工作，就能夠以勞力生存下去。一個土地擁有者提供勞力一段時間後，他就能得到以金錢為形式的對等酬勞。

內克爾　我想再確定一下，約翰，您是說，早在初始自然狀態先決條件中，就已經定好以後誰是地主、誰是領工資的工人？

洛　克　對，因為人類被賜予地球，為的就是征服地球。只要你認真勤奮，你就會比懶惰的人贏得更多個人所有物。不同成就的效應，在金錢導入後相形明顯，因為那些沒有土地的人必須出賣他們的勞力。不可幫助乞丐與懶人，他們要受苦才會去工作。相對的，老人、病人以及季節工人在經濟上必須受到扶持，也要在每個方面支持他們。

・洛克：勞力是一種貨物

內克爾　您也和我一樣，將勞力視為一種貨物。

洛克　那當然。一個領薪水的工人，所生產的產品會透過貨物交換——貨物在這裡是勞力，金錢指的是工資——變成發薪水的人的所有物。但是先決條件是，領薪水的人不是將他的「勞動產品」，而是「勞動力」賣給製造商，因為如果他賣的是勞動產品，那麼他就不是領薪水的人，而是經營者了。

內克爾　我從您的論述中得出兩點：

1 您說用自己的勞動力換取一定的工資，是自願行為。因此，我們不能說勞工被剝削，因為他們也可以去別的地方工作，領較高的工資。從這裡我們可以得出，商議後的工資是恰當的。這個行為與貨物的買進一模一樣，賣方與買方互相協調，直到得出一個兩邊都可以接受的價錢。

2 每個工作似乎都有一定的價格。

洛克　您解釋得很好。在我的著作《政府論》中的第五章，我主張一件產品的價值十分之九，甚至是百分之九十九都是從勞力中產生。我舉一個例子來釐清我的想法好了：閒散不用、休耕的田地是沒有價值的，因為它沒有和勞力混合。與之對應的，菸草田或小麥田的價值相對就高多了。只要菸草持續為一種稀有產品，並且熱門，這個想法就是對的。

內克爾　這卻不再以勞力決定價值，而是以產品本身去決定。

洛　克　是，沒錯。這些想法我直到寫《教育漫話》一書中才整理出來，並且得到一個結果——一個買家（大部分人）對於勞力付出者在製造這個產品上，投資了多少功夫並不感興趣。唯一重要的——與賣出一個產品相關的——只是這個產品是不是有需求。因為對一個罕見、但投資勞力少，卻有很多買家感興趣的產品來說，它反而能夠以高價出售。

內克爾　是，在您有關經濟的論述中顯示，只要是擋在無限制資本主義經濟路上的障礙，您都知道要如何清除。我很贊成，因為我和您一樣，是支持這個理論的。最後我還有一個問題，您如何看待貧窮的人、懶惰的人與乞丐呢？

洛　克　喔，有關這個問題，我們還得詳細梳理。首先我們應該要問，某人為什麼是貧窮的人？如果這個人不能工作，是因為他患有疾病或者老弱，又或者是因為這個人失去正當掙來的財產？我們對這些人要給予仁愛，意思是關心他們像關心我們的鄰親。他們必須得到支助，因為他們的現況不是自己造成的，不能責怪他們。

內克爾　這個我了解。

・懶人與乞丐是國家的負擔

洛　克　對於懶惰，我就有很多意見了。懶惰一方面是在說那些過著享樂主義生活的人，整天不事生產。在我的時代，說的就是那些貴族，但是如果我們說的是您身所處的時代，那就是那些花用父母辛苦賺來的金錢，而自己茶來伸手飯來張口的人。

另一方面，也有一些懶惰的人和乞丐，他們已經太習慣依賴社會與教堂的幫助了，以您的時代的話來說，就是國家的幫助，以致於他們完全沒有去工作的興趣。所以第一件事要做的，就是透過所有可用的法律，去制止他們放蕩、隨便的生活作風，因為他們的勞力完全沒有被利用，還成為一般大眾的負擔。我們必須達成一致的措施，讓不事生產的人能夠去工作、去生產製造，讓他們能為國家所用，不再是其他人的負擔。

內克爾 您打算怎麼做？

洛　克 我在一六九七年寫給貿易協會（Board of Trade）消除失業的報告裡，整理了一系列的方法來解決這個問題。我在這裡簡短介紹這一系列的方法好了，請有心理準備，因為這對不願工作的人很嚴厲：男人得進牢改所，刑期至多三年，或者送到船上；女人則要進女勞改所；兒童要送進工作學校。這樣他們才能夠學習如何工作，以及為什麼要工作。在這個脈絡中要注意的是，懶惰的、不勞動的市民，他們的生活一直都是靠借來的財富——辛勤致富的人的財富。我堅信，人的勤奮應該被視為美德，也能夠幫助一個人致富、擁有個人資產。什麼都沒有的貧窮，是道德墮落的警號，會導致人走向懶惰與卑劣。

接下來便是教育的任務，我們要引導這些到目前為止都仰賴他人勞力生活的人，走上符合道德規範的、對全國國民有好處的正軌。因此，所有到現在都未能承擔自己生計的兒童、女人和男人都應該強制去工作。透過這個方式，第一，他們不再會是目前支持他們的人的負擔；第二，他們自己也對國家整體的利益作出貢獻。如果這些人——不論出自那一方面——繼續擁有援助，那這些援助只會助長他們的惰性，他們完全不會再努力，也不會為了確保自己的生活費而去找工作。

．經濟優先權的概念

內克爾 我的想法和您完全一致，我也一樣把這些都歸到經濟優先權之下。

洛　克 好，這樣也比較好。我的看法是，出身貧窮的兒童、每個不事生產的成人都必須服從「經濟優先」，否則將來得不到幫助，因為貧窮與懶惰的人沒有得到國家援助的權利，也沒有受到富人或旁人支持的權利。他們與我們每個人一樣——猶如我一開始已經說明清楚——都必須遵守自我供養的原則。

內克爾 約翰，您的理論真了不起。我真心向您詳細的解釋致謝。現在我知道該如何組織明天的授課內容了，也知道在下一個會議上能夠給雇主們什麼建議。除此之外，您的論點在今天的視角看來非常具煽動性，因此很有群眾效果，我準備在下一個政談節目上推廣您這一套論說，一定會很有趣。請容我告退，我必須工作了。

洛克　能幫到您真是太好了。若您還有什麼要問的，您知道如何找到我。

電腦螢幕一下子轉暗，內克爾眼前重新出現谷歌頁面，頁面上鍵入的關鍵字「約翰·洛克」與「工作概念」還在。約翰·洛克對他現身說法，這是怎麼回事？也許答案就是這麼簡單：這個面晤會談只是一場夢。又或者，這件事真的發生了？

第 9 堂課

何謂合理的工資？
(馬克思)

卡爾·馬克斯 (德)
Karl Marx

時期：1818 – 1883 年

討論書目：
《工資與資本》
(Wage Labour and Capital)

猶太裔德國哲學家、經濟學家、社會學家、政治學家、革命社會主義者。馬克思以1848 年發表的《共產黨宣言》和 1867 年至 1894 年出版的《資本論》聞名。在經濟學上，他探討工人和資本家間的關係，後人以其思想奠定許多經濟基礎。

三位新任鋼鐵工業工會的首長麥雅、戴彌爾與施密德，正坐在工會的會議室裡討論工資調漲百分比——百分比必須高於多少，才能達到百年來第一次不僅高於通貨膨脹，還是真正的工資調漲。

麥　雅　現在是我們要求工資調漲15%的時候了。過去十年來，我們根本一直處在零增長的狀態。現在是讓我們的工人，也能共享鋼鐵企業的利潤的時候了。

施密德　起碼接下來兩年的訂單，現在早已滿到寫不下。

戴彌爾　我能理解呀，同事們！但是我們還是必須小心行事。

麥　雅　小心行事？為什麼？我們一定要爭取到我們應得的薪資，我們必須給工人們看看我們的底氣。

戴彌爾　基本上你是對的，但是大家要想一下，我們提出的薪資調漲太高的話，會讓老闆感到威脅而開始解雇員工。

麥　雅　他們正好趁機往自己的口袋裡塞更多的錢。

施密德　如果我們請專家來解釋，看看擁有生產材料工具的人實際能有多少利潤，你們覺得如何？如果我們了解這件事，那我們跟老闆談判就有很好的辯論根據。他們也不能再隨便拿綠豆當西瓜糊弄我們，把我們當傻瓜。

戴彌爾　這個主意很好。你認識誰能幫得上忙嗎？

施密德　誰的手機借我一下？上周我在一個集會上認識了卡爾·馬克斯，他寫了很多關於工人處境的文章。

（施密德打電話給卡爾·馬克斯。馬克斯告訴他，他剛好在這裡。之後不久，會議室的門開了，馬克斯走進來。）

施密德　哈囉，米歇爾，我跟你們介紹一下，這是卡爾·馬克斯，他精通經濟學和哲學。馬克斯先生，我們有一個問題，那就是企業集團愈來愈富有，但是工人不但分不到利潤，反而愈來愈窮，不能再繼續這樣下去了。

馬克斯　首先，謝謝大家的歡迎，畢竟不是每個人都很高興見到我，資本家尤其討厭我。在我的剩餘價值（Mehrwert）理論中，我已詳細探討了

施密德　你們現在提出的問題，也許可以幫你們找到一個解決方案。那我們就不要再浪費時間，開始分析吧！馬克斯先生，您的「剩餘價值」理論是怎麼想到的？

・馬克斯「剩餘價值」理論

馬克斯　一開始，我觀察到經濟學家無法真正定義出「工作的價值」。如何定義工作的價值？他們對這個問題的回答是：「透過投入其中有必要的工作。」他們只能用工作來定義工作，或者簡化來說：到目前為止，經濟學家的回答都在轉圈圈，完全得不出令人滿意的答案。

麥　雅　那您的第二個觀察是什麼？

馬克斯　我第二個觀察是：經濟學家對邏輯施加了暴力！他們從一個新的試驗得出，一件貨品的價值等於它的生產成本。他們研究調查的不是勞動力的生產成本（當然這也是無法測量的），而是工人的生產成本（無庸置疑，非常容易測量）。另外，不同的時間、情境、社會現況、地點或生產部門，生產方式與工具都會不同，但是他們都置之不理。

麥　雅　了解。但是您想藉這些告訴我們什麼？

馬克斯　我在解釋剩餘價值理論之前，必須先讓大家了解所謂傳統古典經濟論中的原理有什麼錯誤。今天，工人的地位已被排在資本主義的產品之下，工人數量也許是市民中的多數，但是他們必須將自己的勞力賣給擁有生產方法或工具的人（也就是所謂的資本家），如果他們想賺取生活費的話。

麥　雅　您說得太快了！也許首先應該解釋一下，您剛剛所說的生產方式或生產工具到底是什麼？

馬克斯　生產方式或工具不外乎就是工具、機器、原料以及生活必須品。

戴彌爾　如果我理解正確的話，是不是資本家只占很少數的人，而工人數量卻很多？資本家是那些靠他們的錢，擁有很多您口中所謂的生產方式以及工具的人，而工人僅僅只是生產過程當中的一個環節，而且工人雖然占人口的多數，但是他們都依賴資本家，所以他們的地位才會如您所說，比資本主義的產品還低。

馬克斯　漂亮，說得太好了。您的解釋正中靶心。

戴彌爾　謝謝誇獎，請繼續。

馬克斯　如果生產產品需要工人，那麼，生產成本只跟工人有關。這裡我指的是，能夠提供生活所需一定數量的生活必需品，或者購買這些用品的金錢。這些花費由資本家負擔，讓工人能夠有工作力，或者在離開生產運作的時候（也許是因為年齡大了、生病或者死亡），能夠被一個新的工人取代。

・資本家的算計

麥　雅　這對我來說太理論性了。您能夠舉一個例子來說明嗎？

馬克斯　當然好。我們來假設一下，一個工人生活所需的物品的價錢，平均一天是3歐元，為了讓雇用他的資本家掏出這些錢給他，他必須一天工作8小時。我們最後再假設，這個工人要建造某座機器的一部分，資本家現在所作的計算是這樣的：

1他用20歐元買下要給工人加工的、已經預先製作好的原料。

2能源以及被工人使用的機器耗損，約為1歐元。

3工人的工資，我們早就知道，是3歐元。

因此，一項項支出加起來：20＋1＋3，一共是24歐元。對吧？

麥　雅　對，但是這一定不是全部，對嗎？

馬克斯　當然不是。我們現在才剛剛要提出關鍵步驟。資本家算出此機械成品可以賣27歐元。這代表他的售價比他的成本多3歐元。

麥　雅　那又如何？

馬克斯　資本家放進口袋的這3歐元是哪裡來的？

麥　雅　這我就無法回答了。

麥　雅　等一下、等一下，我不明白。

・英國經濟論的矛盾

馬克斯　好，我試著用比較簡單的話，來解釋這個「英國經濟論」。為了解釋這個，我們得再重新計算一下。我們的資本家給機械產品定價為27歐元，而根據所謂的古典經濟學理論，投資這個機械產品裡的工作必須與27歐元相等。早在生產工作開始時，就已經存在了21歐元的價值，接著還有6歐元的價值，可以分配在原料上。

根據英國經濟學理論，這6歐元只能出自原料加工的勞力。8小時——製作特定機械的零件工人所需要的這8小時——賦予了這6歐元新的價值。8小時的工作價值可以等於6歐元。經過這一番計算，我們終於發現工作的價值是什麼了。

施密德　等一下，馬克斯先生，我還是不明白為什麼工作價值等於6歐元。工人領到的工資只有3歐元啊，所以工作的價值不是6歐元，而是3歐元？還是工人可以突然要求加薪，領6歐元？

馬克斯　您不覺得這樣要求的話，資本家會譏笑這些工人，叫他們滾蛋？但是您的確提醒了大家事態嚴重，因為英國經濟學的理論在這裡似乎不太正確。

施密德　是什麼不正確？

馬克斯　如果我們總結到目前為止的結果，我們會看見，古典經濟學在無法解決的自我矛盾裡打轉。我們在尋找工作價值的同時，能夠發現更多的事，第一：對工人而言，製造產品8小時的工作，價值是3歐元。第二：對資本家來說，這項工作的價值是6歐元，從這6歐元中，3歐元付給工人，3歐元放進自己的口袋。從我們所說的這些，得出工作不是只有一個價值，而是兩個，非常不同的兩個。這是矛盾！

施密德　我瞭解了。

馬克斯　這個矛盾會變得更荒謬，如果我們來設想以下情形：我們看到從8小時的工作中，產生所謂的「新價值」或者「新的價值」。其中一半的時間，也就是4小時，是3歐元所賺得的——但是這卻是工人工作8小時所得的工資。由這個推斷我們可以得出：工作有兩個價值，一個比另一個大兩倍，或者8等於4。這兩個結果不論是那一個，都是狗屁！

戴彌爾　依您的看法，從亞當．史密斯開始的經濟學，錯在哪裡？

馬克斯　他們無法解決這其中的矛盾，因為他們談的都是買勞力、賣勞力，談的是勞力的價值。

戴彌爾　啊哈！那您有解決這個矛盾的辦法嗎？

馬克斯 我當然有解決的辦法！如何解決，我說給你們聽。

戴彌爾 請說。

・勞力無法被販賣

馬克斯 古典經濟理論認為的勞力製作成本，根本就不是勞力的製作成本，而是活生生的工人本身的製作成本。工人不能將他的勞力販賣給資本家，因為他只要一開始工作，勞力便不再屬於工人自己，因此勞力根本無法被工人販賣。工人最多只能出售他未來的勞力。

施密德 若我正確的理解了，那就是說，販賣他未來勞力的工人，在賣出的同時，接下了在一定時間內達到一定績效的義務？

馬克斯 太棒了，我自己也不能表達得更好。我們現在明白工人無法販賣勞力給資本家，原因我們也說過了，可以出售的勞力必須是已經產出的。但是事實是，工人出售的工作力既不以時間計算（規定好幾天、幾個月、幾年或者不確定期限），也不是以一定的績效（產品種類、件數）來計算酬勞。

長話短說：工人出售或者出租的不是別的，是他的「工作力」。工作力卻是和工人一起成長的，它無法和工人分開。工作力的製作成本於是和工人的製作成本重疊在一起。我們由此能夠推論，古典經濟學者稱為勞力的製作成本，不外乎就是工人的製作成本，也就是工作力。

·勞力成本VS工作力成本

施密德　為了檢視我是否理解了您所說的，我把您的論述重新總結一下。您認為沒有勞力製作成本這種東西，只有工作力的製作成本。因為：

1 工人無法販賣他的勞力，因為勞力必須在資本家買它以前，就已經是成品。

2 資本家能從工人身上買到或者租用的，只是工人的工作力。

3 工作力以一定的時間計算為工資，或者以一定數量的產品數為工資，才能為資本家所用。

4 沒有所謂勞力的製作成本，只有工作力的製作成本。

5工作力隨工人成長，所以工人的製作成本與工作力的製作成本是一樣的東西。

馬克斯 您完全的理解了。

戴彌爾 但是，我現在還是不知道剩餘價值是怎麼來的。

馬克斯 別急，我們還沒有說完。工人賣出——在他們講好價錢之後——他的工作力。工資（猶如我們已經確定過）以時間計算，或者以產品數量來支付。

資本家接著帶領工人到他的工廠，給他所有工作所需的物品，也就是原料、輔助材料、工具以及機械供他使用。工人於是開始他的工作。我們假設這個工人所領是時薪（假設是以件計酬也可以，效應是一樣的）我們還是一樣假定這個工人一天工作8小時，我們也再假定，議定好給這段時間的工資是3歐元，工人卻在這段時間內生產出6歐元的新價值。從這6歐元裡，資本家給工人3歐元，剩下的3歐元則自己拿著。

如果工人在8小時內達到6歐元的價值，那麼他在4小時的時間內就已達成3歐元的價值。工人跟資本家議定的3歐元工資，在工人一半的工時時就已經等值，也就是說，在等值的那個時間點，工人與資本家已經互不相欠、銀貨兩訖，不是嗎？

戴彌爾 我會這樣看，沒錯！

馬克斯 大錯特錯！資本家會堅持，他聘雇工人通常不是4小時，而是8小時。剩下的4小時，工人還是必須給資本家作工，因為工人自願承擔義務：替4小時工時可以完成的製品工作8小時。

麥　雅 這和英國經濟學家的論述似乎沒有什麼不同。

・剩餘價值的來源

馬克斯 喔，不！最好的經濟學家所持的論點也失敗了，因為他們的出發點是勞力的價值。如果我們從工作力的價值出發的話，問題就會消失。工作力首先是一個貨品，它和其他所有的貨品都一樣，但是工作力同時也是一個非常特殊的貨品，因為它本身有很特別的性格、特徵創造了它的價值。

如果運用得宜，工作力可以產生的價值，比自身的價值更多——人的工作力不只每天製造、花費比它自身價值更大的價值，而且隨著每個新的科學發現、新的技術發明，每天的工作力都過剩，甚至高過它的每日成本。如果為了賺得給工人的工資，而縮短所需的工作天數，那麼工人免費送給資本家的勞力在那個工作天便會增長，還不需付費。對資本家來說，「剩餘價值」就是這麼產生的。

施密德 那不就表示，資本家會愈來愈富有，而工人的工資只會緩慢無意義的增加？

馬克斯 對，就是這樣。但是我們最後還是必須仔細區分這個觀點。根據我們的陳述，是工人獨自生產了所有的價值，然而工人所生產出來的產品卻不屬於他們，而是屬於原料、機械、工具以及資金的所有人。藉由這樣的分配，所有人都有能力購買工人的工作力。這樣一來很清楚的是，資本家會將全部利益中最大一部分收益歸為己有，只給工人很小的一部分。

施密德 馬克斯先生，您的經濟哲學思想讓我們印象深刻，非常感謝您。親愛的同事們，我想我們三個現在很清楚該做什麼了，不是嗎？

第 10 堂課

如何獲得理智與善？（柏拉圖）

柏拉圖 (希臘)
Plato

時期：西元前 427-347 年

討論書目：
《理想國》
(Republic)

雅典人、著名古希臘哲學家、柏拉圖學院創辦人。他的著作大多以對話錄形式紀錄。柏拉圖是蘇格拉底的學生，也是亞里斯多德的老師，他們三人被廣泛認為是西方哲學的奠基者，史稱「西方三聖賢」或「希臘三哲」。

「手，注意一下手勢！」馬克的哲學老師說。

馬克站在拉斐爾畫的「雅典學園」前面。老師掛上這幅畫，跟大家解釋裡面有哪些哲學家，以及他們被呈現的方式。同學們一起認出了蘇格拉底、狄奧尼修斯（Diogenes）、畢達哥拉斯（Pythagoras）、赫拉克利特（Heraklit）和伊比鳩魯（Epicurus）。

畫面正中央有柏拉圖和亞里斯多德——古典哲學最重要的思想家。亞里斯多德左手拿著一本書，右手指向前方；柏拉圖在他旁邊舉起右手，手指朝上。亞里斯多德的手勢描繪出他的哲學性格特徵：他關心眼前可被研究的世界，關心自然、人的世界。

可是，拉斐爾筆下的柏拉圖，到底想表達什麼？馬克已經讀過柏拉圖的「洞穴寓言」。不過，洞穴不是應該在地底嗎？為什麼柏拉圖不往下指呢？馬克想看得更仔細，於是往前向畫靠近，一不小心，他碰觸到了畫。

奇怪……畫不是硬的！他的手可以直接穿過畫面，進入畫裡的空間。他靠得更近，發現他甚至可以跨進去。突然間，他就站在這群哲學家中間了，而且還在柏拉圖面前。

柏拉圖　哈囉，陌生人，你到這裡來做什麼？

馬　克　我……我……我想知道，您的「洞穴寓言」有什麼寓意？

柏拉圖　我很樂意解釋。請坐到我身邊來，如果你有時間的話。為了理解洞穴寓言，我們當然也要談談我在《理想國》裡，另外兩個在洞穴寓言前先講到的故事：「線段比喻」和「太陽比喻」。

馬　克　同意。但是我們可以先從洞穴寓言開始嗎？我覺得這是一個很不尋常的意象。您的用意是什麼？

柏拉圖　為了理解洞穴寓言，你應該把圖上的細節再好好的看一次。洞穴裡的人，脖子和腳都被綑綁著，他們只能看著洞穴裡的一面牆，不能夠改變視線。洞穴上方有火堆閃爍著亮光，而在火堆和被綁住的人之間，人的身後有面牆，後有一條路，路上有人在走。這些流動的人像或者馬戲團演員，身上帶著林林總總的東西、設備、雕塑品，而且這些東西都還高出牆頭。

被綁著的人，只能看到這些東西落在牆上的影子、聽到馬戲團演員之間對話的回聲，這是他們能夠感知到的所有東西，但是他們不知道那不過是影子和回音。

他們被綁著坐在那裡，相信他們看到、聽到的是真實的。現在，重要的事情要發生了：有人來鬆綁其中一個人，讓他回頭，把他帶到洞穴的另一邊。

馬　克　那這個人應該感到很高興吧？

柏拉圖　並不是，完全相反。原先被綁著的人，並非自願地離開他所習慣居處的地方，他是被強迫的。他每動一下，身體感知到的都先是疼痛，火光讓他目眩，使他看到的不再是影子，他的感官知覺混亂了。一段時間之後，他習慣了火光，也能看到牆壁前的路上有個馬戲團演員拿著東西，以及一些他之前只能看到影子的東西。

・洞穴寓言的四個分級

馬　克　藉著這個故事，您要說什麼？

柏拉圖　他，用今天的話來說，在「經驗」。經驗的希臘文是 empeiría，就是

「經驗的」（empirisch）這個字的來源。被解放的人所感知到的，比起僅以影子形式感知世界的人（所見只是假設的被綑綁的人），已經多很多了（「假設」在希臘文裡叫做 eikasía）。

馬　克　如果我真正理解的話，那麼在洞穴裡的人所身處的知覺區域，不管是影子、回音或者是具體的物件，都是以感官來捕捉。

柏拉圖　很好，你有一起動腦。不過洞穴寓言到這裡還沒有結束，那個解放者接著拖著強迫被解放的人，走上斜坡到洞口。

馬　克　他到了洞口出去以後，發生了什麼事？我猜他又會被太陽的亮光刺激得頭暈目眩，因為他之前習慣的是半昏暗的洞穴。

柏拉圖　對，所以從洞穴裡出來，時間最好還在晚上。首先，他較容易辨認地上的影子以及水裡的倒影，然後是水裡倒影裡的真正物體。他也比較容易可以去看夜空裡的月亮和星星，這比去看太陽光容易多了。

馬　克　在洞穴裡的層次，在這裡又重新來一次了。

柏拉圖　是這樣沒錯，但是人在這個情況下感知到的影子，是自然的產物，不是人為的物件。

馬　克　這種分級的意義是什麼？

柏拉圖　我把這第三種級別叫做 diánoia，在希臘文意為「理智」。這裡所牽涉到的是思考。從洞穴裡走出來的人，不再身處於感官知覺的範疇裡，而是進入了思考所得認知的範疇內。

馬　克　現在我明白您想要指出的，您想說：大多數人生活得猶如在洞穴裡的人，他們被自己的想像綑綁住、被感官知覺囚禁，因為這樣是最簡單、方便的。只有少數的人找到陡斜、崎嶇的路離開洞穴，意思是思考以及分析、闡明知識上的問題——但這對這些人來說不是件容易的事。

柏拉圖　完全就是我想要說的。你真是厲害。

馬　克　我們還有第四個等級還沒有說。

柏拉圖　在第四個等級裡，我們看到在陽光下的物體，其所在的真實世界也與洞穴火光中顯露的世界相符。太陽讓我們看見的事物就是它們真實的樣子，希臘文給這個等級的專門術語，因此也叫做 nóesis，即是「洞察」。

馬　克　這裡所論及的洞察是哪一種？

柏拉圖　我在這個地方只是想簡述，因為我們等一下還會回來詳細說明。這裡所牽涉的是「概念」或者「原型」。舉例來說，人到達這個階段，便能夠思考「馬本身」或者「馬的原型」是什麼。所有的馬——不論牠們是什麼大小、顏色或者品種——都有一些共同性，讓我們能夠將牠們辨認為馬。這就是我所說的原型或者馬的概念。對花瓶、花、公正以及其他事物，都可以依此類推。

馬　克　如果最高等級呈現的是概念或者原型的範籌，那麼下面兩個等級的範疇就是原型的圖像，而最底下的等級，就只能找到圖像的擬像。

柏拉圖　很好，你是一個優秀的哲學家。

・洞穴寓言的教育意義

馬　克　但是我還是不懂，您想用這些等級告訴我們什麼？

柏拉圖　洞穴寓言是一個講述人應該被教導什麼，才能讓他有可能、能實現自己潛力的寓言。我把它叫做 paideía，意思是「建立」或者「教育」。洞穴寓言指出了若要達到更高等級，必須走的一條路。在第一個等級，人將火光造成的影子看成是真實之物；到第二個等級的時候，他的眼睛仍然受到洞穴中陰晦光線的影響，即使從洞穴走出來到了外面，他一開始也無法辨認物體的形狀，仍然只能看見物體的影子和圖像。而短暫的注視太陽後，他能達到能夠到達的最高層次。

在洞穴裡被綑綁，代表的是被習慣綑綁、被偏見囚禁以及錯誤的意識。每上升一個新的等級，人都必須將自己從外形與錯覺中解脫。習性的解除是一個充滿痛苦的過程，所以人不會自願走上這條路，這需要被強迫，而這個強迫需要由一個領導者、一個教育家所帶領。教育家的目標是將心靈轉化、去認識真實。這樣的知識是不可能被教導的，每個人在原初的時候都具有這種知識能力，只是還沒有被開發。正確的開發需要藉助上述的心靈轉化。

馬克 我覺得教育家在這裡需要強迫與使用暴力，很奇怪。

柏拉圖 這也只是一個想像。你只要想一下我的老師蘇格拉底就知道了！他用問題去混淆人心，透過這個方法強迫人放棄習慣性的想法，而所謂將人帶領到知識前的強迫，不外乎是邏輯和理智避不開的暴力。

馬　克 從洞穴裡解放出來的人，想要再回洞穴裡嗎？

柏拉圖 不，雖然往上走的路程很辛苦，但是人一旦走出來了、知覺到了真實，就不會想再回到假象的世界裡。荷馬（Homer）已經藉阿基里斯（Achilles）之口說過：他寧願領窮人的日薪，也不願活在影子之國。

馬　克 那我不懂，為什麼解放者會像洞穴寓言所描述的那樣，回到洞穴裡？

柏拉圖 回到洞穴裡的那個人是哲學家，他想要開示坐在地洞裡的人，但是人從明亮的地方進入黑暗的世界時，眼前會一片漆黑。哲學家在洞穴裡很難找到方向，他看起來對環境很不熟悉，而且他所傳授的會被綁著的人恥笑為無稽，或甚至認為是危險的，所以哲學家是冒著被譏嘲、被告上法庭、被處決的危險回去的。

馬　克 真是一針見血，這解釋了雅典人把蘇格拉底判死刑的原因。

柏拉圖　是啊，所以我才想以這個方式，給我的老師蘇格拉底立碑！

・線段比喻的意涵

馬　克　那「線段比喻」和您之前所闡示的，有什麼關聯？

柏拉圖　在線段比喻裡，我給已經在洞穴寓言裡描述過的知識存在方式、形式，一個精密準確的等級分層。設想一條線被分成兩段不同長短的線，比例大約2：1。這兩段中每一段再以一樣的方式分開，所以我們現在共有四條線。

馬　克　在這些線段裡，可以根據它們的比例來分類，比例大的a和b，在小的比例c和d中也會出現，e和f也是如此？

柏拉圖　對極了！我們首先來看分成兩段的線。下面一段代表可見的範疇，上面一段代表可思考的範疇。可見的，更確切的說，是可以用感官去知覺的，我稱之為現象。無法以感官去知覺的，而只能用思考去了解的，我稱之為概念。

這是兩個存在範疇基本的分別，這個分別在我很多作品中都有解釋。現象的特徵是多數，而概念是統一，因此例如說有很多的樹，但是樹的概念只有一個；勇敢的形式有很多種，但是勇敢的概念只有一個；美麗的東西有很多，但是美麗的概念只有一個；以下同理類推。

現象會變化，且現象是短暫非永恆的，所以樹的外形會隨著四季改變，直到樹最終枯朽死去。一個樹的概念，相對而言是固定持久的，不會有變化。兩段主要的線——概念和現象——就如同原型和擬像：現象是概念的擬像。我們可以說看見的樹幹、枝椏等形體——我們所稱之為樹木的是樹木概念的擬像；我們描述稱為勇敢的行為，讓勇敢這個概念成為可見。與此理相同的，可以繼續往下推論。

馬克　線段比喻裡，繼續下去的分段代表什麼？

柏拉圖　線段的下端在形象的範疇裡，我們首先會發現的東西，是我們的感官能知覺到的、自然界的東西，例如植物和動物，以及人所生產出來的物件。線段的下端代表這些東西的圖像，這個圖像是由藝術家生產出來的，影子與鏡像也屬於此類。線段上端的最上面一節是概念，往下是假設。

・概念與假設的差異

馬　克　您怎麼解釋假設？

柏拉圖　想想看數學、幾何學好了，當數學家在講一個圓的時候，講的是畫在紙上的一個圓，這種圓永遠都是有缺陷的，他們所意指的都是一個完滿的圓的概念，從中心到圓周上各點的距離都相等，但是像這樣的圓根本不存在於可見的形象裡，它只能是假定如此，即假設。數學家觀察的，是在現象中表現出來的概念，例如圓的假設，相對應的，在線段上端則是概念本身。要注意的是，線段與線段之間有不同的階段。最上端一階的特徵是真理，愈往下，真理的成分便愈來愈少，而表象則愈來愈多，直到降到完全只是假象為止。

馬　克　這會讓我聯想到洞穴寓言。在洞穴寓言裡，地表最低處所代表的，也是影子的世界。

柏拉圖　對，這四個在線段比喻中要區別的，等同於洞穴寓言裡的發展階段：人先是在洞穴裡被感官的知覺所囚禁，然後因為認識了概念而獲得自由；在最下層裡，他們被物體的圖像所綁縛，在感官範疇內感知了物體。在洞穴外，他們認知的概念，是在感官能夠感知的物件的範疇裡，最後才能看到純粹的概念本身。

・知覺的四種形式

馬　克　剛剛您也在線段比喻中暗示，知覺形式有不同的階段？

柏拉圖　是的，存在的範疇可以分成四個知覺階層，在概念這個階層，我們可以達到 epistéme，即知識。在現象的範疇內，我們會跟 dóxa，即意見來連結。最下面一層，看到的是影子或者其他擬象，是單純的臆想，即 eikasía，這與清楚的見識離得最遠。對我而言，在這個層面上活動的還有那些製造幻覺、假象的藝術家。

第二階層牽涉到的是 pístis，可靠的信任。舉個工匠的例子好了，某個工匠有能力製造某種樂器，他似乎知道一些什麼，但是仔細一想，他又不知道了，因為他無法給出理由，他只是單純的相信。

第三層是 diánoia，即理智。我們在這個層面上與科學相遇，例如剛剛說到的數學家，他們從假設中推論出科學上可靠、持久的結論。

第四階層，也是最高認知的一層nóesis，即洞察（註：或譯為「思考」），是有能力辨認出概念本身。培養理性，是辨證或哲學的責任。

馬　克　那麼，洞穴寓言給我們指出的是：性靈從臆想到理性轉化的道路，也就是通往以哲學為最高認知形式的路。這我現在明白了，但是有一點還是不太清楚：您在洞穴寓言中特地標明太陽的地位，而且將太陽與善的概念畫上等號。您想說明什麼？

柏拉圖　這我在接下來的「太陽比喻」裡會說明。這個故事在視見範疇的圖象中，它差不多相當於認知範疇裡的視見。在視見的範疇中，有可以看見事物的眼睛，還有具有外形的物體。更具體的說，我們用眼睛觀看東西，也代表我們有能力知覺一件東西。這件東西能被看見，是因為這件東西能展現在眼前。現在，以下要說的非常重要：可以看見物體的可能，只有在第三者存在的時候才能實現，這個第三者就是光亮。眼睛在黑暗中無法視物，物體也不能被看見。光亮是讓眼睛能夠見物，而物體能夠真正顯現外形的原因。

・結合能見與可見的譬喻

馬　克　在這個脈絡裡，您利用犁的意象，是想說什麼？

柏拉圖　犁下套著兩隻役畜，結合了兩隻動物的力量。光亮也是如此，它將眼睛的能見、物體的可見結合後，才能真正看見。光亮又可以代表一些其他的東西，它自己不會發光，而是來自太陽。太陽是光亮的來源，所以也是在觀看範疇內所有事物的第一起因。

馬　克　這些如何轉移至認知？

柏拉圖　觀看的能力、眼睛都符合認知的能力、符合理性，而觀看物體符合認知物體。理性有認識某物的能力，而物體是被造成能夠被認識的樣子。

馬　克　明白了。但是光是什麼？在這裡什麼是第三者？這兩者被第三者如犁般的結合在一起，讓認知真正的發生，這些您在線段比喻裡都沒有特別提到。

柏拉圖　是沒有特別提到，但是在我們說完這些之後，你應該很清楚：光亮符合真理的概念。知識不會在感官現象時就完成，而是借助思考、理解藏在現象中的概念才完成。有概念才會有真理。希臘文的「真理」一詞意指「無蔽」(alétheia)。當我們使用思考能力，並運用於某個無遮蔽、符合真理概念亮光下閃耀的事物時，我們就認識了它。

馬　克　那麼真理就是知識的條件，如同光亮是觀看的條件一般？

柏拉圖　我們也可以這樣說。假設我們看一棵栗樹的葉子，若你有概念，知道栗樹的葉子看起來應該是什麼樣子，那你就能夠認出栗樹的葉子。假如你沒有這個概念，你就無法辨認這葉子是屬於哪種樹，即使你把這葉子看得清清楚楚的。認知不單只透過感官知覺，還要經過概念觀察才能完成。

・柏拉圖如何證明概念的源頭是「善」？

馬　克　您還要跟我解釋「善」的概念。

柏拉圖　是。就像光是一個源頭，即太陽，概念也有一個源頭，也就是一個想要認識所有的起因，我稱它為善的概念，或者善。

馬　克　這到底和「為善」有什麼關係？

柏拉圖　我說的善不能和道德規範的善，或者和所有人所追求的那種善混為一談。善最早的意思大概是「合適的」。善，指的是將某物調整成適合的，就是它原來所是的。善的概念起源於它適切的本質，也就是它的能力——將萬物推到真理的光下，並讓理性在這些物件中，能夠辨認東西的能力。

馬克　一直以來，我都以為概念是理性的產物，但如果善的概念是概念的起源的話，那就表示概念不是來自理性。

柏拉圖　的確是如此。眼睛的確類似太陽，但是不是太陽。同理，理性與善相似，但卻不是善本身。概念的源頭還高於理性。概念不是主觀，而是精神真實的客觀結構——這個結構的存在先於人的理性，並且獨立於理性之外。

馬克　意思是，假設沒有人的存在，就沒有人能夠以理性辨認正義的概念，但正義的概念仍然是存在的？

柏拉圖　我確信是這樣的。關於太陽，我們還要補充：它不只是光的起因，它也是觀看、讓自然萬物發展、生長，並賜予生物食物等等的起因，即萬物存在與生長發展的起因。因此我們不能只將善的概念當成認知的第一起因，它也是存在的起因。太陽的意象也讓我們注意到，萬物中神聖的起源是什麼。

馬　克　這點能再多說一些嗎？

柏拉圖　不能，因為我們也無法在不傷到眼睛的情況下直視太陽太久。善的概念已經達到我們認知能力的極限。

・我們需要哲學家當領袖的原因

馬　克　最後一個問題，您說這三個比喻已經寫在《理想國》一書了，我們所說的這些跟國家有什麼關係？

柏拉圖　在這部作品裡，我從「應該如何建立一個理想的國家」問題出發。之前我們提到蘇格拉底的遭遇，顯示出如果國家當權者是詭辯者與煽動者時，會發生什麼事。因此，國家只能讓那些有能力認知概念的人領導，他們才能夠辨認善與正義，而這樣的人就是哲學家。所以哲學家必須成為領袖，不然就是領袖得成為哲學家。

馬　克　非常謝謝您的解釋，柏拉圖。若能再來拜訪您，我會很高興。

柏拉圖　當然歡迎。

——

馬克很高興，他現在完全可以想像得到，為什麼拉斐爾將柏拉圖的手勢往上指了。

第 11 堂課

如何證明人類的心智是「尚未書寫的紙」？（約翰·洛克）

約翰‧洛克（英）
John Locke

時期：1632 年 – 1704 年

討論書目：
《人類理解論》
（An Essay Concerning Human Understanding）

洛克的思想在政治哲學的發展上有重大貢獻，且被廣泛視為是啟蒙時代最具影響力的思想家和自由主義者。他的著作大大影響伏爾泰、盧梭，以及許多蘇格蘭啟蒙運動的思想家和美國開國元勳，其思想亦可見於美國的獨立宣言。

笛卡兒中學第十三年級（譯注：德國中學比台灣多一年）的學生很興奮，因為「不尋常」的哲學課馬上就要開始了。施薇雅用指頭點了點她的朋友提娜：

「妳聽說了嗎？今天的哲學課是不是有嘉賓要來？」

「好像是一個勇入虎穴的經驗論者。」提娜回應。

「啊？什麼意思？」

「吼！妳是頭被門夾到喔？法國哲學家笛卡兒不是一個理性主義者嗎？我們學校還是以他名字命名的。我們的哲學老師是理性主義的信徒，所以現在請了一個經驗主義者，來跟我們解釋經驗主義的理論。八成又是一場無聊到爆的演講。」提娜跟她的朋友解釋。

這時候，教室的門開了。進來的人不是他們的老師，而是一個高大削瘦、鼻子有點太長，還戴著捲曲、長及肩膀的假髮的男人。他身上的暗褐色外套，無疑是十七世紀的樣式。所有的學生目不轉睛看著他進來，大家很快的在自己的位子上坐好。這個人微笑，親切的注視著全班，開口說話。

——

洛克

親愛的同學們，首先我誠心感謝大家邀請我到你們的哲學課上。這種好事不常發生在我們哲學家身上，所以我感覺輕飄飄的。我先自我介紹一下，我的名字是約翰．洛克，來自牛津。我這一生對很多事情感興趣，也都投入了很多心力。

我熱愛政治，但卻遭受迫害，所以我必須逃到荷蘭，在荷蘭流亡了幾年。在醫學上，我是第一個敢執行氣切手術的人，今天看來，這不再是什麼大不了的事，但我可是因此救了我的朋友沙夫茨伯里（Shaftesbury）的命。

在教育和神學的議題上，我也（大家都這麼認為）作了很重要的貢獻，不過綜觀我曾經做過的所有事情，哲學還是我的最愛。除了《政府論》這本書之外，我還有另一本重要文獻，那就是《人類理解論》。今天聽起來也許讓人驚訝，但是這本書創造了歷史，因為我在寫它的時候，希望給一般大眾吸收成為常識，這不是寫給哲學家或者專家學者看的。剛好這也是我們今天的題目：問題或概念如何潛入我們的意識？

在我開始向大家陳述我的論說之前，我想請求各位，當你們有問題，或者有什麼地方不清楚的時候，請隨時打斷我。

我的學說與笛卡兒很相似，都是在追問人類意志的來源、可靠性以及擴展的問題。我企圖研究人類認知的目標、起源、程度及範圍，同時我也嘗試證明笛卡兒所擁護的「天賦論」——人類認知的起源，追尋人類基本理論性與實用性的原則，是人類天生具有的——是站不住腳的。

・洛克對笛卡兒的批判

施薇雅　洛克先生，我可以在這裡先問一個問題嗎？您要如何證明，我們人類沒有先天觀念？依我看，笛卡兒的理論很有說服力。

洛　克　這是一個很好的問題，我試著盡可能精準的回答。我先從人類出生時既沒有完整發展的概念、也沒有完整發展的理論，或者實用原則這個假設出發。人類當然天生具有認知的能力，讓他有能力形成概念和原則。簡短的說，人類與生俱來有達到認知的能力，真正的認知卻還要透過經驗才能得到。因為這個原因，人類不可能天生具有概念，人類的心智在出生時必須是一個 tabula rasa。

提娜 Tabula rasa 的意思是「尚未書寫的紙」，不是嗎？

洛克 對的，人類的心智是尚未書寫的紙，猶如一張白紙還未有字跡塗抹在上面。人類出生時，意識上也還未有任何概念。

提娜 現在，我對要如何達到認知的論述感興趣了。

洛克 人類從經驗中，取得理性與認知所需要的材料。

提娜 過程是如何呢？

洛克 每個人都擁有意識，所以會思考，所以我相信各位都能理解我每個方法性的步驟程序，因為這些步驟程序根據的是自己的觀察與經驗。思考活絡心智，心智因而能深入探究概念，因此人類在心智層面上有一定程度的概念是無庸置疑的。我們每個人都很清楚的知道，透過「白色」、「硬」、「甜點」、「思考」、「動作」、「人類」、「大象」、「軍隊」、「酒醉」等字詞所表達的應該是什麼。

施薇雅 您也許可以再清楚的說明一下，您所理解的概念是什麼，因為在您的敘述裡，這個觀點到目前為止還不明朗。

・認知與概念的運作

洛　克　非常樂意。在所有的思考與推論中，心智沒有比它自身的概念更直接的對象，心智能觀察的只有概念。所以很明顯的，我們的認知僅能跟我們的概念一起運作。到目前為止所說的，即沒有概念就不可能會有認知，因為在沒有概念的情況下，也沒有什麼需要去認知的。另一方面，人只能夠在意識存在，也就是概念存在的地方去推論結果。

提　娜　若我說，您的認知理論出發點在於意識裡有內容物存在，正確嗎？只有這樣，我才能提出人類如何得到想法、透過何種路徑和到什麼程度，這些想法才會抵達人的意識。這些不會因為與生俱來的天賦而產生。在這一點上，笛卡兒想錯了。這裡的問題是，人從何處為他的理性與認知能力得到材料？而這個問題的答案不是近在眼前嗎？從人的經驗啊！

洛　克

施薇雅 那您所理解的經驗是什麼？

洛　克 我將經驗分成兩個範疇。一個範疇包含「感官知覺」，另一個則是「自我知覺」。藉著這個區分，我想清楚表達：我們思想的起源既不始於外在，也不從內在經驗而來。外在經驗是感官去知覺的，內在經驗則是由自我去知覺。事物可被知覺的特性，這個概念是我們透過感官去得到，也就是透過觀看、傾聽、聞嗅、品嚐以及感覺得到的——這也是我們大多數概念的重要來源。因為大多數概念依賴我們的感官，然後再傳遞到理智，因此我將這個來源命名為感覺（Sensation）。

此外我還確信，內在知覺提供人類思維運作的想法。歸於這一類的有：知覺、思考、質疑、相信、聯結、認知、意願以及其他由我們自己的理智所發動的行為。這個來源我稱為反射，因為反射，理智透過觀察所得到的內在行動（也就是想法）表達了出來。

施薇雅 您能夠具體的說明嗎？

洛　克 我試試看。我們透過感官知覺，或者更確切的說，透過 Sensation 所得到的經驗，在大多數的情況下讓概念就此到達意識。這其中產生什麼感覺並不重要，味道、滋味、所見所聞都同等的與可被感覺的物件接觸了。根據這個物件如何對感官起作用，我們主觀的感覺它是黃色的、白色的、冷的、軟的、硬的、苦的、甜的等等。藉由這樣的方式，我們得到物件外表的概念，然後這些概念傳達到理智。就這樣，感官代表了經驗的一個來源。

另一個經驗的來源是思想的，我的意思是，那些不需藉外在事物就能獲得的概念，提供了心智的內在活動。我們可以稱這些概念為思維的運作，我之前也列舉過是哪些思維——就是知覺、思考、懷疑、相信、推論、知識、意志等等。這些概念很清楚的說明了反射與外在的物件無關，它原本就位於人的內在，因此它不是獨立的感官，但是和感官又很相似，所以可以被稱為「內在的感官」。

・概念與思想的關聯

提娜 根據您的說法，概念只是意識直接的對象，雖然思想有時候會影響概念，而概念有時候也會左右思想。

洛　克　是啊，我是這樣看的。理智可以知覺到的，不止要有感知外在物件的需要，也要在心理體驗那個過程。我的學說講述的是，「感覺」和「反射」是理智接收概念的唯二來源，沒有一個概念不是經由這樣的路徑進入人類意識的。

提　娜　這兩個概念的來源，不是被動的過程嗎？

洛　克　是，的確像妳所說的。當心智藉由聯結，將簡單的概念轉化成綜合複雜的想法時，反射才開始扮演主動的角色。舉例來說，這種情況在比較或者聯結眼前的材料時會發生，而這也幾乎有無窮盡的多樣性，所以人類的理智可以這種方式製造新的複雜概念。

・簡單VS複雜的概念形成方式

施薇雅　簡單的概念？複雜的概念？您所用的術語，我和在座大部分的同學都不明白。

洛　克　喔，是嗎？真抱歉。使用術語之前，我們當然應該先解解釋清楚。好，簡單的概念，對我來說，是直接從物件身上產生的。我將這些分成四組：

第一組：有些概念只用到單單一個感官就能到達心智，例如藉著眼睛的觀看，我們產生顏色的概念。

第二組：有的概念需要多重感官一起作用，才能進入我們的心智，例如一個物件的大小。

第三組：有的概念必須藉由反射才能得到，如思考或意志的概念。

第四組：有些概念必須透過感覺和反射所有的路徑，才能到達心智，例如「存在」、「娛樂」。

簡單的說，我們可以將直接透過感覺及反射產生的概念，稱為「簡單的概念」；相對的，「複雜的概念」透過簡單的概念聯結以及透過比較、區分、抽象化的能力而產生。

施薇雅　能夠實際舉一個具體的例子嗎？

洛　克　好啊！也許我們可以先試著證明，小孩如何產生「人類」的概念。所有和一個小孩一起生活的人，對這個小孩來說，都是一個個別的概念。因此，一個小孩就能夠在「褓母」和「母親」這兩個個別的概念之間作區別。這兩個概念在小孩的心智上都發展得很好，並且都有個別的圖像來表達「褓母」和「母親」。根據這個事實，小孩給每個成人一個剛好跟身分相符合的名字。在我們的上下文裡來說，就是小孩會將母親歸類到「母親」名下，褓母則在「褓母」名下。

提　娜　如果我正確了解了，那麼，小孩的心智發展始於個別的概念，例如母親的概念。他的心智會採取一個行動，漸漸將不同的組成成分從概念中分離出來，比如母親的膚色、外形、高矮等簡單的概念與褓母的差異。藉由這樣的方式，這個小孩得到一個一般性的，或者更正確的說，是更為一般性的概念。在我們的例子來說，就是「女人」的一般性概念，任何一個女人都是如此。「女人」這個概念所牽涉的是一個簡單的概念。當「女人」這個概念被加入其他的關聯時，這個概念就變成複雜的概念。

・對概念進行抽象化的過程

洛　克　妳表達得很好。複雜的概念在這裡和抽象的概念是一樣的，它同樣是從心智出發，但卻從它的來源裡偷取了一些組成成分，我們稱為局部概念（partielle Idee）。

然而，妳還是忘了很重要的一點，小孩所認識的母親與褓母之間，相較之下，不只有差異，還有高矮、外形與膚色的共同處。當小孩日後擴大他所認識的人臉圈子時，他也會意識到這些與其他人的共同點，例如父親。這塑造出一個概念，根據他的看法，很多人都在這個概念裡，而這個概念就形成了「人類」這個名字。

在這個過程中，小孩必須一直進行抽象化。我們可以用性徵來辨別母親與父親，而小孩必須以父母的性徵去完成人的概念。在這個過程中，小孩並沒有創新，他只是從複雜的概念裡消除掉那些每個人的差異性，並保留每個人的共同性。

提娜

小孩應該就是以同樣的方式得到其他一般性的概念，如果他一直持續比較、分離、聯結與抽象化的話。我可以想像得到，小孩突然看見可以以特定特徵或者標記區分的人時，他將與人相符合的特性排除，例如留下活生生的身體，而若這個身體有感官，並且能依照自己的意志行動之後，他就給這種東西一個一般性的名字：「動物」。

洛克　聽起來妳似乎讀過我的《人類理解論》。妳的解釋正中靶心。我堅信，人只能通過妳和我所描述的過程得到概念。為了證明這一點，我們也不需多做什麼，只要在習常的認知過程觀察自己、觀察別人就可以了。

我順帶要提出一點，抽象化過程在這個地方還沒有結束。下一個步驟，是小孩從「人類」和「動物」這兩個複雜概念中，將差異的部分解析出來。這樣一來，其他從身體、生活或者飲食的簡單概念所形成的複雜概念，都全面以「生物」來命名，使其更為一般化。

我想用一個提示來結束我的論述：基本上，心智以這種過程得到「身體」、「物質內容」以及最終「生物」、「東西」的概念，其它類似的概念也是如此取得。而不論是哪一種，都標記著我們的理型。我們面對的是抽象的概念，這些概念涵蓋面或大後小都獲得不同的命名。每個一般性的名稱都代表一個概念，但只表達出概念所包含的一部分，在所有情況下都沒有例外。好啦，感謝大家專注的聆聽。

哲學教室裡的掌聲久久不能停歇，雖然如此，約翰·洛克還是跟畢業班告別離開了。他還沒有完全踏出教室，提娜馬上轉向施薇雅。

提娜 妳知道嗎？我相信洛克摒棄笛卡兒的天賦論是有道理的。洛克的理論比起笛卡兒合理得多，也更容易掌握。但是洛克講的有兩點很困擾我。第一：我覺得抽象化過程可能會無限擴延，因為我們不能事先知道兩個人或者物體之間，在抽象概念上有多少共同性？

第二：我確信，沒有一個小孩是像洛克所舉的例子一樣形成「人」的概念。妳能想像一個小孩能夠分辨、解析出人的特性，再將剩下的拿去成立一個概念？至少我不是這樣。比較可能的是，小孩所學習的「人」的概念，是簡單的從大人那裡接收的。對吧？

施薇雅 這是一個有趣的問題，我一下子沒有什麼想法。也許我們應該在下一堂哲學課上把這個議題提出來討論。但要是這樣的話，我們就得讀愛爾蘭主教兼哲學家喬治·貝克萊（George Berkeley）了。我知道他專門研究洛克的理論，而且對這些理論作了批判。

第 12 堂課

我們真的能從過去推論未來嗎？（休謨）

大衛・休謨 (英)
David Hume

時期：1711 – 1776 年

討論書目：
《人類理智研究》
(An Enquiry Concerning Human Understanding)

蘇格蘭哲學家、經濟學家、歷史學家。休謨被視為是蘇格蘭啟蒙運動以及西方哲學歷史中最重要的人物之一。他的哲學受到經驗主義者約翰・洛克和喬治・貝克萊的影響。休謨也吸收了各種英格蘭知識分子如艾薩克・牛頓、法蘭西斯・哈奇森、亞當・史密斯等人的理論。歷史學家一般將休謨的哲學歸類為徹底的懷疑主義。

提娜和施薇雅在哲學課上坐在一起聊天。

提　娜　兩周前，約翰．洛克到我們班上的時候，我覺得很棒。他很親切的跟我們介紹了他的理論。我現在當然知道他的理論不是滴水不漏的，但是透過洛克，認知理論又向前了一大步，雖然真正革命性的應該是休謨的思想。因此我很期待他今天會跟我們說什麼。

施微雅　休謨要來？哇，真棒！三個最有名的英國（古典）經驗主義代表中，我們就見過兩個了。

提　娜　沒錯。只是我覺得「英國經驗主義」不是合適的名稱。這三個有名的經驗論者中，只有約翰．洛克是唯一的英國人，喬治．貝克萊是愛爾蘭人，大衛．休謨則是蘇格蘭人。所以我們要稱他們為「不列顛經驗主義」，不是嗎？

施微雅　是是是，妳怎麼會錯呢？哦，看，誰進教室了！

一個胖胖的、笑咪咪的先生手握一支撞球杆走進教室。所有的學生馬上就座，熱切的望著慢慢走上講台的大衛．休謨。

休謨　哈囉，大家好。我聽說，這個班是一個哲學菁英班。約翰．洛克告訴我，他和大家共度了非常愉快的時光。我們來看看今天會如何！我很期待喔。好，我們開始吧，我時間不多，因為我還要參加一場很重要的撞球巡迴賽。

我認知理論想法的出發點是要分辨印象（impressions），或者你們德文說的感官印象（Sinneseindrücken），以及概念（thoughts and ideas），德文叫做思維想像（Gedanken und Vorstellungen）。我所理解的印象包括我們所有在活動的感覺，例如當我們在聽、看、感覺、愛、恨、渴望或者有意願的時候。這些例子很清楚的證明，我們的感官知覺比我們的想像要清楚、強烈得多。如果我們意圖達到前述的感官知覺、情感，想像是我們可以自主意識到的、活動力比較微弱的知覺。

・想像與感官知覺的來源

提娜　休謨先生，不好意思，打斷您一下。不知我是否正確理解了？如果我說，您認為想像和感官知覺相較來說比較微弱，比較不活潑，是因為想像不直接對我們起作用，我們只有在開始思考我們所知覺的，或被挑起感覺時，才察覺得到想像？

休謨　是，我的看法完全是如此。

施薇雅　但不是應該剛好相反嗎？我們的感官知覺不是應該比想像力弱嗎？如果我放任我的想像天馬行空，它會把我帶到最奇異的想法去，我可以想像出完全不存在的東西。

休謨　很好，妳把這一點提出來了。第一眼看起來，我們所想的似乎可以毫無邊際。我們得到這個印象：想像可以避開人間所有的權力，也不必遵從自然和現實的界線。我們不費吹灰之力就可以創造出怪獸，將不協調的人物和外形互相配對，讓思維帶我們去到宇宙間最遙遠的地方，或者甚至還超越最遙遠的宇宙。所有這些想像和想像我們熟悉的物件，例如叉子、狗或者房子一樣，透過想像力都能產生出來。

我們認為，我們的思想具有無限的自由，但是只要我們再仔細的檢視一下，我們就會發覺其實它是有限的。我們心智所生產的所有東西，都是依據感官與經驗得來的材料。因此心智才有能力將它認識的材料混合、傳輸、增減。

施薇雅 您可以用一個例子來闡明這個論點嗎？

休　謨 當然好。拿金山來說，在這裡我們將兩個協定好的想像結合在一起，金子和山，而這兩個想像我們早就都認識了。我們同樣能夠想像一匹德行良好的馬，因為從我們自己的情感中，我們有對德行的想像，所以我們能夠把它跟一匹馬的身形外貌聯結起來，因為馬本身就是一種值得信任的動物。

提　娜 我又要打斷您了，因為我想確定我是不是真的了解。在第一個例子中，您舉出金子與馬兩個外在感官情感。在第二個例子中提出的，一個是外在感官情感：馬，以及一個內在情感：德行。這有什麼原因嗎？

休　謨 沒有。我雖然在論述開始的時候指出內在印象的存在，且這與外來印象同樣活躍，但是我可能沒有表達得很清楚。

・想法的來源

提娜　那就是說，所有的想法不是外來的，就是從內在感官情感推導得出的。而心智的任務，僅僅就只是把它們混合或者銜接起來？

休謨　你將實際發生的情形表達得非常好。哲學性一點的話，也可以說：我們所有的想像，或者比較弱的感知，就是我們印象的擬相，或者比較活躍的感知。

提娜　如果您所敘論的是正確的，那麼它就有深遠的影響。您說感官知覺印象不僅活躍，而且還真實可靠。如果一個陳述基於感官情感被說出來，那它也會因此必定是真的。想像與感官情感比較之下是弱的，因為它的起源可能完全是隨機的，而它的內容可以任意做聯結，以產生新的想像。

休謨　你在這裡所說的隨機或者任意是否存在，就是我們現在要檢驗的。在此之前，我先要說，我個人不相信隨機或任意。我們不能忽視一個顯而易見的原則——不同思維或心智想像的連結。當這些想像在腦海中浮現時，在某種程度來說，會以方法性的、規律性的方式將一個想像連接著下一個。這種情形尤其可以在嚴謹的思考或者對談時觀察到：一個想法如果打斷思考的常規或思考鏈，馬上就可以發現。

你們每個人都能在自己身上觀察到這種現象，不管多麼異想天開，或是在回憶實際夢見的夢境，只要你們回想、反思，就必須承認想像力不是亂撞的無頭蒼蠅。在連續堆疊的想像中，彼此之間總是有連結。

我認為，總共有三種連結想像的原則可以被推導出來：①相似性（resemblance），②空間、 時間的接觸連繫（contiguity），③因或果（cause / effect）。

施薇雅 我還不是很明白，有實例可以說明這三個原則嗎？

休　謨 關於第一點，我們拿一個物體的照片來解釋好了。這張照片自然而然會引導我們去想像、連結照片中的真實物體。關於第二點，我們可以想像兩個人在一棟房子裡談論一個居住空間，建築物裡其他的空間幾乎也一定會被扯進對話內容。最後第三點，我們可以想像自己身上有一個傷口，隨之而來的且幾乎無法避免的，就是我們連帶會想的——感覺到傷口的疼痛。

提娜 您給我們的例子，都只是聯想罷了。

休謨 完全正確。但是重點在於，例子已經完整了，因為就只有這三種想像的聯想法則，即使不容易理解。若你們了解之後，我們就能夠繼續前進。所有人類理智的題目與研究都可以分成兩類：想像與想像之間的關係與事實真相。

・修謨對概念的分類

施薇雅 休謨先生，我又必須打斷您了。「事實真相」這個概念我還可以理解。但是什麼是「想像與想像之間的關係」？

休謨 妳提出這個問題真是太好了，理解這個概念是很重要的。不說「想像與想像之間的關係」的話，也可以說「對概念分類」，或者直接了當說是「理智真理」，像我理性主義的同事威廉·萊布尼茲（Wilhelm Leibniz）一樣。這裡主要指的就是真理，像是數學、邏輯學所想帶出的結果一樣。理智真理包含一個絕對的信念，因為這種真實不可能有與之相反的真實。

施薇雅　您可以用例子說明清楚嗎？

休　謨　當然，我甚至可以給你兩個數學上就已經知道的例子：四方形的假設是兩邊等長；而3X5＝30的一半。這兩個例子都符合產生關係的條件。第一個例子是兩個圖形之間的關係，第二個例子則是兩個數字之間的關係。從這兩個或者其他數學的例子，我們可以說它們符合推演，而且只有透過單純的思考活動，才會發現它們不依附在世界上任何的存在。

．理性主義VS經驗主義的差異

提　娜　休謨先生，我不明白您為什麼在理性主義的圈子裡活動。據我所知，您不是經驗主義者嗎？

休　謨　完全正確。我剛剛不是說，所有人類理智的題目與研究都可以分解成兩類嗎？好，這一方面就是由理智真理所組成，它對我而言確實是唯一一個確定的認知形式，但是它所牽涉的對象範圍非常侷限，不能夠揭露事物的真相。因此我專注在人類經驗知識的基礎上，或者，為了再使用一次萊布尼茲的話，專注在「實際真理」上。與推演得出的理智真理相反，實際真理根據的是認知的經驗，它不可以和理智真理一樣被看作是確定的，即使它似乎真的很確定，因為總是可能、也可以想到相反的情形，卻不會產生矛盾。

提娜　您剛剛所提出的，可以表達得更清楚一點嗎？

休謨　當然可以。我們拿「日出」來說好了，這個句子對我們而言似乎再清楚不過，因為我們每天早晨都能確定「日出」。雖然如此，「日不出」這個句子也不會造成理解困擾。我們並未保證明天太陽仍然會升起，我們只是習慣如此。如果想像太陽不升起，也不會產生邏輯上的矛盾。但是如果我們要證明日不出是錯的，那就只是徒勞。

若說到事物的現實，如果我們以邏輯性的角度來看，它總是可與實際的面貌不同。所以真理在這個範疇裡，絕不可能單單用思考就能辨認，而是一定要透過經驗，也就是經驗主義的途徑，才能理解。

提娜　您覺得牽涉實際情況的思考活動，有哪些原則可以運用？

休謨　原則是：所有牽涉實際情形的思考活動，都建立在因與果的關係上。這個世界是由實際情況組成的，但是大多數的實際情況，都不是出自那些提供給我們的感官或者大腦的，而是來自那些我們真的可以觀察到的，因為這些跟我們被給予的有連貫關係。

舉例來說，你們之中也許有人收過朋友從法國寄來的信，從而得知這位朋友目前人在法國。收信人會得出這樣的結論，因為他常常有這樣的經驗，就是信寄出的地方通常是寄件者所在的地方。

這個例子可以被普遍化：所有牽涉到實際情形的思考，都來自相同的種類，因為它們都可以回溯到因果之間的關係。你們若在無人島上的海灘撿到一只錶，就會推論在某個時候，起碼曾經有一個人在島上存在過。

提娜　那要是想錯了怎麼辦？錶可能是被沖上岸來的。我得出的難道不是一個理性的推論嗎？

休謨　妳領會得很好。很明顯的，經驗認知不侷限於現在此刻或過去發生的知覺感受。拿爐上正在加熱一百度的滾水作例子，我們所宣稱的，不只是昨天在爐上一百度的水，我們也宣稱所有的水在一百度都會被煮開，同時也預言了明天把水加熱一百度後，水照樣會燒開。

施薇雅　問題在哪裡？我不明白。

休　謨　妳的朋友剛剛已經解釋過。原因是「我確認水在一百度時會煮開」這個句子，絕不等於「我預測另一鍋的水在一百度的時候，有同樣的效果」，以先驗的方式，從第一個句子引導出第二個句子是不可能的，因為在思考中，沒有會改變自然演變的矛盾。我們沒有足夠的理由能夠將當下的經驗認知與過去的知覺，衍生、擴展到不曾被感知的事物上。

施薇雅　盡管如此，我們在日常生活與科學上還是一直這麼做。只有傻瓜才會在計畫未來的時候，放棄考慮曾經檢驗過的結論。

休　謨　這是對的，也因此我想人類間對經驗的普遍信任——但以理性無法解釋——一定可以回溯自天性的理性外因素。

施薇雅　這我還不能完全明白。

休　謨　我們從知覺事件結果中，之所以得出繼續下去的結論，是因為我們認為，相對應的結果存在於因果的關係中。這裡要問的是，必須滿足什麼條件，因果關係的結果才會被接受？

提　娜　我認為是：(a) 空間親緣性、(b) 時間連續性、(c) 活動的持續連結。舉例來說，正在加熱的水附近會產生水蒸氣 (a)、水蒸氣在水加熱之前 (b) 及加熱與水蒸氣之間的聯結 (c)，在以前所有的觀察中都曾出現過。

休　謨　但是這三個條件還不夠。某件事會被宣稱是另外一些事的起因，理由還必須是：兩個結果之間的聯結是「必要的」。只有如此，我們才能確定這個聯結在未來也會出現。

・因果關係的必然性

施薇雅　那這個必然性從何而來？

休　謨　這就是問題所在！它不可能與先驗天性的必然性有關，因為在邏輯的觀察下，任何一個事件都可以成為任何其他事件的緣由。因此，我今天帶來一個撞球杆和兩顆撞球，讓大家看看我是怎麼想的。

（休謨將兩顆撞球放在講台上相距很遠之處，並用球桿推動撞球，但在它行進時擋住它。）

如果我看到一顆撞球往另一顆移動時，就想像這顆球會去撞另一顆球，並會維持它的行進。但在邏輯上，這不是必定的——兩顆球會停止，或者第一個球會被撞回去也是沒有矛盾、可以想像的。因此我們總是可以說，到目前為止，我們所觀察的兩個結果是互相聯結的，但是這卻又還不能說它們「必然」是互相聯結的。在這其中尋找必然性是種徒勞。

提娜　可以在哪裡找到這個必然性？

休謨　對我來說，這個問題的解決方法是：我們所尋找的必然性不是客觀的東西，而是主觀的，即一個有經驗的人在既定條件之下所作的想像。當我們經常在空間和時間都非常緊密聯結的情況下，感知兩種事件時，我們的內心會產生此聯結一定有必然性的印象，或者更確切的說，會產生預期，預期在未來還會碰見這個聯結。

對必然性的想像是透過慣性產生。因果關係不外乎只是奠基在日常慣性的、投射到外在世界的主觀想像。簡短來說：「A是B的起因」這個陳述無法被證實，即使B在A之後發生千遍也無法，因為這只是一個習慣判斷。接著——我也隨之將演講在這裡作結束——我們必須從這些想法推出結論，即每個「果」都是經由「因」的不同事件而產生。

哲學課上的同學對休謨因果關係原則的表述喝采聲不斷，還想繼續提出問題。這時，這位蘇格蘭哲學家看看牆上的鐘，說：「很遺憾，但是我真的必須離開了。我已經告訴過各位，我沒有很多時間。我深愛哲學，很願意繼續和大家多聊，但是我也愛撞球，而且在不到一個小時後，我有一個千萬不能錯過的重要比賽，你們一定要原諒我。」掌聲再一次爆發，休謨離開了教室。

提　娜　休謨真的很棒，很令人信服。雖然如此，他的理論我還是感到有點困擾。但是我不知道是什麼在困擾我。

施薇雅　唉呦，妳總是這樣。理論裡總是有妳能挑剔的地方，不論這些理論有多麼無懈可擊。要是休謨有什麼能被批判的，妳一定會找到的。

如果妳沒有找到，伊曼努爾·康德也會幫妳，他對休謨的因果關係原則，嚴格的深入探討了一番。

第 13 堂課

哲學史上重要的哥白尼式轉向（康德）

伊曼努爾·康德
Immanuel Kant
(普魯士王國 / 德國)

時期：1724 – 1804 年

討論書目：
《純粹理性批判》
(Critique of Pure Reason)

在《純粹理性批判》中，康德認為：將經驗轉化為知識的理性（即「範疇」）是人與生俱來的，而若沒有先天的範疇，我們就無法理解世界。他調和了英國經驗主義與歐陸的理性主義，並對德國唯心主義與浪漫主義影響深遠。

主持人　各位先生、小姐、觀眾朋友們，非常歡迎收看我們新的一集哲學論壇。我們今天的來賓是伊曼努爾．康德，我將與他討論他的《純粹理性批判》的基礎根據。康德先生，很多人認為這部著作是近代最重要的哲學作品，因為您在著作裡完成一個轉向，這個轉向只有哥白尼式轉向能夠與之媲美。它的革命性出自何處？

康　德　這個解釋起來很簡單。我想在我們的談話過程中，它會不言自明。我們不是應該從頭開始嗎？先談書的標題？

主持人　對，這個標題似乎需要解釋。我推測您應該是想要批判理性？

康　德　「批判」在這裡的意思不是「將一件事的負面凸出強調」，您必須用字義來源來理解這個字。這個字的來源是希臘文，意思是「挑撿」或者「辨別」。我的目標是區分、辨別我們從單純的理性出發時（不依賴我們的感官所提供的），能夠認知與不能夠認知什麼？同時我想設置一個法庭，這個法庭要將單純理性的合理要求與理性無理的非份要求，分辨與區別開來。

主持人 您是怎麼會有這個想法呢？

康　德 這決定性的動機，是從蘇格蘭哲學家大衛·休謨那裡得到的，他將我從我自己的教條主義睡夢中喚醒。休謨被認為是一個懷抱質疑精神的人，他的批判重點尤其放在：反對因果關係。

他指出，不可能先驗（a priori）地聯結因與果（也就是不依賴感官知覺去思考），他將其聯結推導回空泛的想像與日常慣例。他認為，如果我有幾次經驗知道某事會有某效應，那我就可以以慣性為理由，期待這個事件下次發生時，同樣的效應也會出現，但是這個效應的出現卻絕對不是必然的——這個論述不過僅僅是猜想而已。

主持人 這有什麼後果？

康　德 如果這是對的，就表示沒有任何經驗主義科學的解釋，可以訴諸朝野，因為它的基礎永遠都是因果之間的聯結，也就是奠基於推測。而如果經驗主義學家所宣稱的是對的，那絕對不會有認知能夠從純粹理性中產生，也沒有形上學的可能——形上學嘗試超越經驗界線去取得認知，例如神的存在、世界的起源或者靈魂不滅。

主持人　您如何反駁休謨？

康　德　從自然科學的發展中，我們可以做一個有趣的觀察。自然科學在十六、十七世紀時有長足的進步，這個進步和科學家發現了實驗的方法有很大的關係。例如伽利略將球放在傾斜的平面上實驗、托里切利（Torricelli）實驗金屬的轉變等等。他們不僅——像中古世紀的科學家一樣——嘗試，透過細聽大自然而得到大自然的法則，他們還提出假設、做實驗，強迫大自然確認或者駁回他們的假設。他們的成功，建立在革命性的思考方式上。

主持人　啊，這就說到了革命，也就是我剛才已經提出的問題。

康　德　是的，革命性的思考方式是這樣的：將自然科學研究從僅是刻板摸索，帶到可靠、穩妥的科學大道上——這是我企圖對形上學進行革命的榜樣，形上學是一種致力於從純粹理性中發展認知的原則，但到目前為止，都還在摸索的階段。

主持人　「革命」來自拉丁文「逆轉」。您在形上學裡逆轉的是什麼？

康　德　我們已經說過，這裡所牽涉的是自純粹理性而來的認知。當我認知到什麼的時候，它就是真的。我們對真理的理解是——若我們讀湯瑪斯·阿奎納（Thomas von Aquin）——理智和事實的一致（adaeqatio rei et intellectus）。根據傳統的解釋，這樣的一致性來自理智（認知）去適應可被認知的對象。當一個真實的意象在人的心智中揚起、且有一個與事物相應的陳述時，認知就會產生。我想要反轉這個關係，不是認知能力必須去符應對象，而是對象要針對認知的能力校準、調整。

·哲學史上的哥白尼式轉向

主持人 這就是所謂的哲學哥白尼式轉向？

康　德 沒錯，哥白尼的革命性想法清楚解釋了天體運行：太陽不是繞著各位觀眾轉，而是大家在地球上繞著太陽轉。他在解釋中提出主體條件來證明。

主持人 我還不明白對象要針對認知能力校準、調整是什麼意思。

康　德 這的確是很精確的條件。它的意思是，認知不僅透過理解對象的特徵，掌握對象的方式也取決於認知能力——認知不只取決於對象的條件，也與認知能力的條件有關。

主持人 我還是不太明白，您能夠舉一個例子嗎？

康　德 有一個詩人海因里希・馮・克萊斯特（Heinrich von Kleist）舉過很好的例子，他寫給未婚妻衛蓮敏娜（Wilhelmine）的一封信中，描述他對我的著作的印象。他在信中草擬一個圖象，在其中，所有的人沒有眼睛，但是透過綠色的鏡片而看見，因此他們會將白色的牆看成綠色的。白色的牆之所以會被看作是綠色的，不是因為牆本身的緣故，而是有一個前提：鏡片是綠色的，而他們透過鏡片來看這面牆。我們對對象的認知也是如此，永遠都和認知機制的條件共同決定。認知能力的結構同時也是世界的結構。

・康德論認知能力的結構

主持人 好的，我現在清楚了。我現在的問題是，認知能力的結構是什麼？

康　德 它是觀看、思考、空間、時間和類別範疇的先驗形式。為了理解，我們要問的是：認知從哪裡產生？根據我的想法，認知的來源有兩個：感官、理智。透過感官，我們被對象給予；透過理智，對象被我們思考。感官是接納、被動的，意思是，它感受印象、直觀形象；理智則建立概念，它是自發的。

主持人　自發對我而言，是毫不猶豫下一個決定。

康　德　不是，在這裡不是這個意思。自發的意義是「主動自覺的」。理智會自發形成概念，它不像感官，不依賴源自對象的印象。我不需要一個三角形在眼前，就可以建立一個三角形的概念。三角形的直觀形式能夠顯現，現場則必須有一個三角形，讓我的感官能夠獲得印象。

・感官VS理智之爭

主持人　對於感官和理智之間、理智和直觀形式之間的比例關係，我該怎麼想呢？

康　德　這是一個非常重要的問題。這些能力中沒有哪個比另一個更重要，它們的功能也不能互相替換。沒有感官，我們就不能被對象給予；

沒有理智，對象就無法被思考。

沒有內容的思考是空泛的，沒有概念的直觀是盲目的。我們拿一個科學家來當例子，他發現了一些新的事物，但如果他對這些東西沒有概念的話，那即使新的資料清楚出現了，他也還是認不出來。反之，理智能夠構思出很多概念，例如人形的怪物或者長著狼臉的怪物的概念。只要我們的感官對這些生物沒有印象，我們就不能說這些生物是存在的。要得到認知，感官的接納性以及理智的自主性都是需要的。

主持人　感官與理智，這兩個概念在經驗主義和理性主義之間的爭辯中，扮演很重要的角色。經驗主義學家宣稱：認知單純只從感官經驗而來；理性主義學家則認為：認知過程中，理智的角色才是決定性的。

康　德　我則藉著指出兩者哪裡對、哪裡不對，結束了這個紛爭。我們所有的認知都從經驗開始，但是它們的起因不單只從經驗，也沒有一個認知可以沒有理智概念；若單單只有理智概念，也不能算是認知。要得到認知，我們需要感官的接納以及理智的自發性。

主持人　所有這些和認知能力的結構有什麼關係？您還要跟我解釋空間、時間和類別範疇。

康　德　我們馬上會講到這些，在這之前，我們還要釐清一個區別。直觀與概念既不是純粹的，也不是經驗的。只有在感受被包括時，它們才是經驗的，還有個先決條件：對象當下實際在場。舉例來說，羽毛會產生「白的」、「軟的」等等的感受。當想像不被感受混淆的時候，它們是純粹的。我把感受稱之為感官認知的材料；單純的直觀因此只有形式，在形式下直觀。

・康德對直觀形式的分類

主持人　要怎麼想像一個直觀形式？

康　德　就是時間與空間。您看，對空間的想像和對物品在空間裡的想像，有著根本性的區別。在想像中，我們可以將經驗到的物體自空間中排除，但是永遠無法在想像中排除空間。空間想像本身不是經驗賦予的，它是一個直觀的純粹形式，這個形式只能先驗性的被賦予，因此也讓各種對象（作為空間中的顯像）可以被體驗到。這些因對象而感受到的資料，透過直觀的先驗形式，在先驗形式的空間裡出現了。

主持人 那麼時間呢？

康　德 與空間相似，您可以將所有的事件（時間裡發生的事件）自想像中排除；但是要排除時間，就沒有人能辦到了。因為時間也是直觀先驗形式的表達：在時間下因對象而感受到的資料，出現了一個時間性的結構。然而，和空間不同的是，空間是以外在感官顯現的純粹形式，而時間則是以內在感官顯示的純粹形式（對對象的直觀是內在的），因此所有的形式都以「現象」顯現。

・思考的純粹形式

主持人 那思考呢？思考也有純粹的形式嗎？

康　德 有的，思考的純粹形式，我以亞里斯多德類別範疇的一個術語為名。亞里斯多德沒有系統性地組織類別範疇，我則將類別範疇系統性地從邏輯的判別形式中推導出來。在我們的判別中，主體概念有一定的質、量、關係以及模態。

・量的範疇：那些被感知的事物，以單數或者多數來被理解。

・質的範疇：某物一定的特性被判別是有（是）或者沒有（非）。

・模態範疇：物件被想成可能的、真的或者必要的。

因果關係被納入模態範疇，這個講到休謨時，我們一定會再詳盡探討，在這裡把所有的範疇都仔細解釋說明會說太多了。不過重點是，它們代表思考的先驗形式，而這個形式對建立概念是很根本的。

主持人 您能跟我進一步解釋，範疇分類的功用嗎？

康　德 很樂意。假設您的面前有一個沙堆，根據範疇分類，您能夠把它當成單數、一堆，或者多數（很多）沙粒來理解。您運用單數或者多數的範疇，然後得到相應的不同的對象，雖然處於直觀下，它是一樣的。將範疇運用在知覺的多樣性時，會帶出同一概念的多樣性。

・認知產生的方式

主持人　您能否總結一下，認知到底如何產生？

康　德　如您所見，認知是憑藉經驗的元素與先驗的元素，互相協調與配合而產生。首先，感官所接受的對象具有資料的多樣性，而這個多樣性會由時間與空間的先驗形式，將之並置或者排序。空間性歸類的直觀多樣性，再經由思考的先驗形式與範疇分類的先驗形式幫助，可以帶出一個概念單位。認知不單只從物件的反映而來，它也是一個過程，在此過程中，一個物件多重的形式可透過主觀產生的形式被結構化。

主持人　如果在認知過程中，主觀結構扮演這麼重要的角色，那麼認知豈不就是主觀的？

康　德　不是，絕對不會。認知主體涉及的是結構，且所有人都共有。但是隨之而來的是別的、非常重要的，物件——如它在這個過程中向我們顯示，沒有結構，它就不是它自己的本質。因此，我非常嚴格的將外表顯形與物件本質區分開來。

主持人　它們之間的差別在哪裡？

康　德　請回想一下克萊斯特的綠色鏡片圖象。透過鏡片看到的所有東西，都因鏡片的關係被染成綠色。如果所有人在眼前都有一副這樣的綠色眼鏡，他們就永遠不可能知道所見的東西是東西本身，還是他們的眼睛讓他們看見的。之所以處於這個情況下，是由於認知先驗條件的緣故。因此，宣稱我們能夠認清物件本質，是沒有意義的，因為我們總是透過先驗條件的鏡片，去認識它們的顯像。

・康德論形上學的可能

主持人　我想回到休謨提出的問題。您的理性批判對科學、形上學會產生什麼可能性？

康　德　在經驗主義科學中，休謨懷疑它的普遍性，而這產生了正面的意義。因果關係的解釋絕對不是奠基於空想或者習慣，因果關係更是一個純粹的理智概念，這個概念讓經驗成為可能。因此所有的經驗都由因果結構組成，而在經驗範圍內，沒有什麼不可以因的效應來理解的。於是，經驗主義科學以因果為由，宣稱它的普遍有效性。

主持人　那形上學呢？

康　德　可惜從《純粹理性批判》中，我沒有給形上學得出正面的結果。範疇歸類的運用只用於引導、認知直觀對象，且只在可能經驗的範圍內有效。至於東西本身的性質、狀態，我們無法透過這個方法得知任何訊息。因此我在《純粹理性批判》的第二個部分中，揭穿形上學對上帝的存在、世界的起源與靈魂不滅的推測，並判這些為虛假知識。

人的理性被形上學的問題糾纏，理性給予人這些問題，因此人無法推拒這些問題，但我們也無法回答，因為這些問題超出人的理智能力。人的認知到這裡抵達了界限。

主持人　那麼一直以來是科學界女王的形上學，根本是不可能的？

康　德　不盡然，形上學在傳統意義上是不可能，但是依我所理解的形上學卻是可能的，即「超驗哲學」。

主持人　這是什麼意思？

康　德　這是在說：在所有的經驗之前，知識的可能條件。但是我覺得要仔細說明的話，今天的節目時間是不夠的。

主持人　的確，節目時間到了。我們節目會再繼續回來談這個題目。康德先生，非常感謝您。

第 14 堂課

我們只能從錯誤中學習？（波普爾）

卡爾．波普爾（奧地利）
Karl Popper

時期：1902 – 1994 年

討論書目：
《科學發現的邏輯》
（The Logic of Scientific Discovery）

出生於奧地利，猶太人，獲譽為20世紀最偉大的哲學家之一。美國哲學家巴特利（William Bartley）稱其哲學為「哲學史上第一個非證成批判主義哲學」。波普爾最著名的理論，在於對經典的觀測-歸納法的批判，他提出「從實驗中證偽」的評判標準。

主持人 各位先生、女士、親愛的觀眾，非常歡迎收看我們新的一集哲學論壇，我們在節目中繼續關注「認知理論」這個議題。今天的來賓是一位英國人，但是他出生於奧地利——他就是卡爾·波普爾爵士。波普爾先生，女王因為您對哲學的貢獻而將您封爵。您的著作《科學發現的邏輯》是二十世紀英國哲學最廣受討論的書。您可以解釋一下為什麼嗎？

波普爾 好的，我想，哲學家及學者們之所以對我的理論感興趣，是因為我提出了一個不尋常的科學研究論述：科學家無法證明他們的理論，他們只能嘗試避免錯誤。

主持人 這個理論的根據是什麼？

波普爾 這個說來話長。您還是從歸納法的問題開始吧。

主持人 按照我們的理解，歸納法是不同的邏輯推論、歸納到普遍共同的？

波普爾 沒錯，歸納法與推演法是相反的，推演是將普遍、一般的歸結至特殊的。經驗主義科學家企圖從觀察一個個重覆的事實，推演出一般性法則或者自然法則。舉一個簡單的例子好了，推演式的觀察是，

主持人　舉例來說，看到歐洲的白天鵝就斷言所有的天鵝（包括沒有看到的）都是白的。根據傳統看法，這種愈是透過觀察而被確認的主張，就愈確定無疑。直到十八世紀，只要我們在歐洲觀看天鵝，就永遠只會看見白色羽毛的天鵝。

波普爾　然而這個主張：所有的天鵝都是白的，是錯誤的。沒錯，一六九七年荷蘭水手 Willem de Vlamingh 在西澳的天鵝河（根據這個事件命名）第一次發現黑色的天鵝，沒過多久，黑天鵝就被帶到歐洲了。

住持人　歸納法的問題，蘇格蘭哲學家休謨曾經指出過。

波普爾　對，他的闡明很令人信服——每個事件的起因只能夠解釋自身，但無法解釋其他類似的或者不類似的事件。觀察到十隻白天鵝，只能告訴我們有十隻白天鵝，無法產生其他資訊。從經驗裡不能引出對一般普遍都有效的句子。

主持人　對經驗主義學家來說，還能如何表述假設與理論系統的有效性？

波普爾　最後只剩下歸納法的檢驗了。一個研究學者所做的就是提出理論，這些理論一開始只是突然產生的念頭、空想、猜測，所以我們最好說它是假設。第二個步驟，批判性地檢驗就很重要了，必須檢視這個假設是否具備有效性。

・科學家的猜想

主持人 科學家的理論只是猜測？

波普爾 是啊，您想想看，化學家克古列（Kekulé）是怎麼想到他的苯分子結構方程式的。他說他思考這些結構方程式已經很久了，但是始終沒有成功。他找到解決辦法的契機，是在一八六五年的一個晚上，當他坐在爐火前打盹的時候。當時他瞪著火焰，而火焰似乎像原子排成幾道長列在他眼前跳舞，其中一道頭尾相接圈成一個圓，而且幾乎像嘲笑他一般，還在他面前螺旋扭轉。

克古列猛然驚醒：他想到現在已經名頭響亮的主意——將苯分子結構透過六角圓圈來表達。愛因斯坦甚至也說過，相對論是他在半夢半醒之間想到的。這都表示：科學的想法都還不是邏輯思考的結果，在系統性檢測這些想法的過程中，邏輯才會加入。

主持人　這如何發生？

波普爾　科學理論總是有非常多的推演。推演會從一個暫時還未有根據的假設，藉著邏輯歸納的方式被導入，這些推論再跟其他相互比較，以便確定是前後一致或者頭尾矛盾。假設是否能夠成立，就是這樣找出來的。

・實驗的「證實」與「證偽」

主持人　在經驗主義式的研究中，實驗是重要的一部分。

波普爾　的確如此，對經驗主義式檢測來說，實驗就是導出結論的方式。但即使在這個地方，實驗過程基本上也是在推論：從盡可能簡單易測的單一推斷中，推演出一個結論，這些推斷稱為預測。從其他理論無法推論出或者是矛盾的預測，特別有意思，而也只有在實驗中運用預測，才能做判定。實驗確認了這個預測後，我們把它稱作「證實」；預測被證明是錯的，則叫「證偽」。當預測被證偽時，從這個預測中而來的理論也會受影響。

主持人　您可以舉個例子嗎？

波普爾　可以拿伽利略「證偽」托勒密地心學說來當例子。托勒密天文學系統，直到十七世紀都還有效：所有的天體都遵循一定軌道圍繞地球。這個推論是由天體不互相繞行的證明推斷而得。哥白尼從他自製研發的望遠鏡中，觀察到木星附近有四個小星球，木星在熟知的軌道上運行時，這些「月球」先是在東方、然後又可見於西方，接下來便消失。除了它們會圍繞木星運轉之外，這個現象無法透過其他推斷解釋，而這同時也將托勒密的世界圖象，證明為是錯的。

主持人　能夠舉一個「證實」的例子嗎？

波普爾　廣義相對論是一個很好的例子。愛因斯坦從他的理論導出，光會被大的質量（團塊）轉向、引開。因此光束在太陽的附近，會以一定的角度被引開。由此而生的推論是，當人從地球上觀察一顆星星時，因為這個折射角度的關係，看起來離太陽更遠。愛因斯坦因此得到一個想法，我們可以在日蝕的時候拍攝太陽附近的星群，將這張照片跟還未靠近太陽的同一個星群相較，比對時間早一點與晚一點的照片。從我們的視角看來，星星的位置一定改變了。一九一九年，亞瑟．愛丁頓（Arthur Eddington）在西非的一個日蝕時刻，剛好證明了這一點。

主持人　您認為，愛丁頓的觀察證明了廣義相對論？

波普爾　不是的，我們不能這麼說。「證實」永遠只能夠暫時支持一個理論，在未來，這個理論總有可能被一個「證偽」推翻。因此理論的真理性是不能夠被證明的，能被證明的只有理論的類似真理。當一個理論可以承受詳細演繹的測試時，我們只能說：它證明了自己。

・「可反證性」是科學論述的標準

主持人　如果一個科學的陳述不能夠被證明，那我們怎麼分辨科學的和不科學論述的界線？

波普爾　科學的論述必須有辦法透過經驗被檢視。這個意思是，科學論述必須似於可被證偽的。相對於實證主義者，錯誤地認為證實是科學論述的界線標準，我則認為「可反證性」（可偽證性）才是標準。換句話說：一個理論只有在邏輯檢測可能失敗的路徑上，才算是一個科學的論述。

主持人 哪些理論無法用這個方法檢視？

波普爾 那些什麼都不排除在外的理論——對每個人類行為都有一個很好的解釋，所以能夠置身於每種證偽形式之外的理論，例如占星術。對我而言，不科學的理論包含不經過經驗檢測就宣立、主張的，例如佛洛伊德的心理分析或者阿德勒的自卑情結理論。

主持人 如果科學的理論總只是暫時有效，科學還能進步嗎？

波普爾 當然，我們可以藉由實驗性的檢測，來測試對照組中的哪個假設比較好。當理論被證明是錯的，我們就能試著再構思另一個新理論，避免犯下舊理論中的錯誤，而且我們也能夠檢驗，這個理論是否能達到舊理論中無法完成的、令人滿意的成果。

主持人 那麼對您來說，有沒有哪個認知能說自己是真理的？

波普爾 沒有，無法推出這樣的結論。我們在過去一直看到科學理論的失敗，例如托勒密的地心說（世界圖象）被證明是錯的、哥白尼的模式也被超越、牛頓的物理學因為愛因斯坦的相對論而無效等等。我們已經學習到，科學永遠無法獲得最終決定性。

雖然我們在科學中嘗試找到真理，我們卻永遠無法確定是否已經擁有真理。真理可比作一座山，山頂雲霧裊繞，想要登頂的人雖然可以確定哪邊是山下、哪邊是山上，但是卻無法在雲層裡分辨哪個是最高的主峰、哪些只是側嶺。因此他永遠無法確定，什麼時候能到達巔峰。

主持人 如果我理解正確的話，您不相信有絕對的真理。

波普爾 在某種程度上我還是相信的。當一個人說：「我懷疑我爬不爬得上頂峰。」這句話已經把「有頂峰」的事實包括進來。錯誤或者懷疑的想法中，包含了一個客觀的真理，即使我們可能錯過這個真理。

我和懷疑論者不同，我不願意不承認一個絕對真理的存在，但是絕對的真理只是一個理念，或者如康德所說的「規整概念」（regulative Idee）：一個引導我們思考的概念，但我們卻不能確定是否能達成。

主持人 我現在了解了，但是為什麼您的理論會被說是「批判理性主義」呢？

波普爾 您也許知道，在認知理論中，有一個經驗主義和理性主義間的爭執。經驗主義宣稱，每一個認知都單單只從經驗而來，他們替這個說法發明了「白板說」（tabula rasa，空的白板）——我把這個理論叫做「桶子理論」。經驗學家認為我們的心智是一個桶子，我們將經驗（更確切的說，是科學觀察）裝進桶裡，藉此得到認知。我相對的則認為，得到認知的方法是理性、理智，是它的活動。如您所見，帶著批判去檢視經驗。

．波普爾的「探照燈理論」

主持人 您與桶子理論相反的概念會是什麼？

波普爾 我的理論是「探照燈理論」。根據我的論述，人類心智的功能有如探照燈：首先出現的不是觀察，而是假設。只有在光（即假設的探照下，假設的功能有如探照燈），觀察才會變得有趣。在假設的期待視野中，觀察變成事件，假設會嚴格地檢視它們。

我們的期待視野會透過昨日的科學被建立起來，而當昨日用來檢測的假設不再能支撐，我們就必須尋求新的假設——那些透過觀察並導致舊理論「可反證性」的假設。

主持人 這讓我想到，透過「嘗試」與「錯誤」來達到學習效果的學習理論。

波普爾 對，嘗試、錯誤以及排除錯誤的議題不只自然科學裡有，社會科學也有，而且日常生活的學習也是這樣起作用的：我們有一定的期待、理論，而當我們遇到困難時，我們就努力將它克服。這能讓我們重新審視理論，即使我們沒有成功找到問題的解答，但透過有意識的自我批判，我們也能夠找到自己在哪裡做錯了。我們從錯誤中學習——我們也只能從錯誤中學習，如同我一開始就已經說過的。

主持人 波普爾先生，非常感謝您。

第 15 堂課

我們如何理解「理解」？（狄爾泰）

威廉 · 狄爾泰 (德)
Wilhelm Dilthey

時期：1833 – 1911 年

討論書目：
《精神科學中歷史世界的建構》
(The construction of the historical world in the human sciences)

哲學家、歷史學家、心理學家、社會學家。曾研究黑格爾青年時期的手稿，後發表《黑格爾青年時代的歷史》。狄爾泰認為，哲學的中心問題是生命。透過個人「生活的體驗」和對生命同情的「理解」，可認識到文化或歷史即生命的體現。他強調，和不同的生活類型相應的是不同的宇宙觀，不同時期也有不同的宇宙觀。

主持人 各位先生、女士、親愛的觀眾們，誠摯地感謝您收看我們新的一集哲學論壇。我們今天的貴賓是威廉·狄爾泰，我將跟他討論《精神科學中歷史世界的建構》——也就是他主要著作的標題。

狄爾泰 非常樂意。我很高興有這個機會，可以來談談研究人文科學的方法，一般都是自然科學家在統領科學理論的論壇。

主持人 在您那個時代也是如此？十九世紀的人文科學占什麼位置？

狄爾泰 比起在十九世紀後半有巨大進步的自然科學，人文科學落後很多。您只要想想羅伯特·倫根（Robert Röntgen）、海因里希·赫茲（Heinrich Hertz）、羅伯特·柯霍（Robert Koch）等人就知道了。自然科學被認為是：取得對經驗對象準確認知可能性的模範。相反的，人文科學是不是允許被稱為科學，還是一個問題。所以我關注的是，將人文科學之所以與自然科學不同的特徵、性格，清楚的凸顯出來。

主持人 人文科學到底是什麼意思，什麼是精神的科學？

狄爾泰 這個專有名詞一八四九年第一次出現，首見於約翰·史都華·米勒一篇道德科學（moral sciences）的英文翻譯文章中。根據我的理解，這個概念比較偏向黑格爾所稱的，自然哲學與精神哲學的分別，以及其他主觀心智、人類意識和在法律、道德、品德裡的客觀心智等差異。對我來說，人文科學這個概念包含了所有的科學學科——不以自然現象為研究，而是以人類心智成果、客觀理性的現象來做分析的學科。

・人文科學的範疇

主持人 這些學科是哪些？

狄泰爾 人文科學是歷史學、國民經濟學、法律及政治經濟學、宗教學、哲學、心理學、文學詩歌的研究、空間藝術與音樂。這些學科都以雙重的方式互相結合，透過它們的研究對象範圍與它們的思考方法。

主持人 這些是相互迥異的科學。

狄泰爾 這些都和人類、人類社會的現實有關。然而，這些主體的主張牽涉範圍不盡相同：有些人文學科專注在人的個體性，有的是家庭或國族；有些和時代或歷史發展、文化系統甚至是人類的界限有關。

主持人 但是生理學和醫學不也和人有關係？它們並沒有因為如此，就算是人文學科。

狄泰爾 對，它們和人文學看待人類所使用的視角不同，也因為如此，我們必須注意這兩種學科的觀察方式差異。

主持人 從方法上來說的話，自然和人文學之間如何辨別？

狄泰爾 為了弄清楚，我們要先區分「意識」與「經驗」之間的差別。當我意識到某事時，我想像出一個對象、客體，我很清楚，這與我作為一個想像主體是不同的。在這個分割之中，我將這個對象認知為是這樣的，然後繼續分析，並以不同的視角剖解。

相對而言，直接進入我內在的「經驗」，則永遠是整體的。這個被我經驗的，以及我（在經驗它的人），是無法分離的。經驗也因此包含分析時會被抽走的生活情況——在生活情況中，包含我們生活在其中的真實的整體。「灰色……是所有的理論，而綠色是活著的樹。」歌德在《浮士德》中這麼寫道。

主持人 您的理解是，人文科學和經驗有關係？

狄泰爾 對極了！自然科學在尋找物質自然世界的規律。為了這個，自然科學用感官所給予的（從中去除倚靠印象而引發的體驗），而後組織抽象的觀念，例如重力、電氣等等。

相對的，人文科學將感官與體驗給予的，重新定義。自然科學所用的方式，是從內而外，從我這裡離開，走向想像的自然，並將其當作對象；人文科學走的路徑是：由外而內，離開外在的對象，進到內在的體驗。自然科學解釋這個世界，而人文科學則是理解經驗。

・「解釋」與「理解」的差異

主持人 「解釋」與「理解」有什麼不同，還請更確切的詮釋一下。

狄爾泰 我們用解釋這個詞，來說明感官給予我們的某些事物因果，然後再回溯至自然法則。一個自然科學家，舉例來說，透過重力這個自然法則，解釋某人鬆手後，物體向下掉落的原因。相對來說，理解是一個我們被感官所賦予的活動，我們把感官所及的對象，當成某個感官不可及的內部表現，也就是理智的表達。

主持人 您這裡所說的「表達」是什麼意思？

狄爾泰 「表達」這個語詞有雙重意義：首先它代表一個人所發表的意見，例如我說出的一個句子。「表達」也代表句子裡說出、顯現什麼，它是一種含義，一種精神的內容。這個雙重意義性很重要：人文科學中所牽涉的，是感官所給予的，我們而後將其作為符號來理解，在理解中，一個精神內容會被表達出來。意思是：在理解中，我們捕捉心智顯示出的意義內容。

主持人 您舉一個例子好嗎？

狄爾泰 好的，拿一首我面前的詩歌作品來看，它由字母所組成，但是這些字母被排字工人如何組成、使用的時候有什麼過程和法則，文學家對這些都不感興趣。他的興趣在於字詞的連貫性，和透過文字內容所表達的——這不是詩歌作者的內在過程，而是被詩歌勾引出來的相互關係。

舉例來說，一部劇作的相互關係來自材料、動機、形式、描繪手法等，根據寫作藝術互相結合元素間的關係。這個心智的連貫性，才是文學家的對象。因此，這在人文學家的理解中產生了一個理智對象，此對象不同於自然科學家的物質對象，也無關乎精神心靈。

・如何理解「理解」？

主持人 我如何精確的理解「理解」？

狄爾泰 您知道，理解的基本形式在日常生活裡，扮演很重要的角色：理解別人生活態度的表達、他人語言的表達、他人的表情變化以及姿態、行為。此外還有比較高形式的理解：理解對象精神的顯現形式，如美德、權利、國家、藝術、宗教、哲學。

在所有的理解形式中，都要區分兩個方面。首先，理解永遠都要設身處地。但單單是這樣，還不算是理解了。設身處地之後還會產生「同理心」，即基於個人經驗的模仿。如果您自己沒有經歷過哀傷，便無法理解哀傷的癥候；您無法理解情詩，如果您沒有經歷過愛。

主持人 我覺得，「經驗」、「理解」和「表達」似乎有連貫性。

狄爾泰 對的，而且它有兩個方向。能夠理解表達只有在經驗的基礎上。另一方面，個人經驗對象化的表達，例如語言表達，對人發揮的作用會影響人的價值觀、人對現實的理解、新文化資產的生產。就這樣，人類心智精神的廣博系統就發展起來了，這個發展又繼續在單個逐一的理解中起作用。兩個人語言之間的溝通，只有在兩人都使用共同的語言才能起作用。每個個別的理性表達形式，也必須如此才能被理解，因為在表達自己與理解共同性之間有：理智對象化的系統、兩者所鑄造的文化。

主持人 文化不是歷史塑造出來的嗎？

狄爾泰 沒錯，而這就是造成人文與自然科學間基本的差異。在感官可知覺的世界裡，有一個規律性的存在，且是無時間限制有效的，例如重力定律在古典時期就存在，雖然直到近代才被伽利略表達出來。人文科學的對象，相對來說，基本上都是透過歷史的塑造——一切皆透過心智活動作用產生，都是歷史發展的產品，從房子與教堂建造的方式開始，到文學與音樂的風格、哲學的概念。

主持人 這解釋了離我們時代很遙遠的表達方式，為何那麼令人難以理解。

狄泰爾 是，它們可以說是從另一個心智視野所產生的，也因此對人文學來說，詮釋學是那麼的重要。

・狄爾泰對詮釋學的理解

主持人 什麼是詮釋學？

狄泰爾 詮釋學是從希臘文「翻譯」、「注釋」而來的。這個概念最早指的是神的信使赫爾墨斯（Hermes）的一個行為，他將神的信息傳達給人類並解釋說明。之後就發展成為書信註解，尤其是神旨的藝術。對我來說，這是人文科學特殊的方法。

主持人 到什麼時候，人文學家才會碰到詮釋學？

狄泰爾 在人文學中，人類心智表達的理解是重要的，因為它無法直接可被理解，所以需要註解。解釋有時候非常困難，也許您也察覺到了，因此從中就發展出特別的藝術，和自己的規則。這就是詮釋學所致力研究的。

主持人 最後，您是不是能替我們舉例說明，這些規則中的其中一項？

狄泰爾　詮釋學一條基本原則是，從單一中的整體以及從整體中的單一，必須被推斷闡明。就這樣，一個個人所發表的意見只有從他的生活整體、他的時代等等來了解，反過來也可推論出，這個整體是從各個單一的意見表達所修復、重建的。

註解會在循環構造中產生，我們稱之為「詮釋學循環」。為了瞭解某特定事物，我必須對它的背景有初步的了解，而為了弄清楚背景，我必須已經先理解了某些部分。

在預先理解的基礎上，我們可以獲得單一部分的理解，因此整體的瞭解也許會被修正，而之後在新的理解的探照下，我們可以對這些部分有更深入的理解。理想的話，這個過程會導向、解除正在理解的與要被理解的之間，詮釋性的差異——詮釋學家就把它叫做「視界的融合」。

主持人　狄爾泰先生，非常謝謝您。

哲學討論指南

第1堂課　如何證明人類是一種匱乏的存在？

1 請根據範例解釋，蓋倫所認為的無法適應、無專精以及原始的概念。

2 人類與動物相比，到何種程度時可以說是匱乏的存在？

3 為什麼蓋倫會抱持這種看法：人類若生活在大自然裡，根本無法存活，應該早已經滅種？

4 北極熊為什麼在沙漠裡無法生存？

5 請解釋「擁有環境」與「擁有世界」的差異。

6 人類為什麼雖然是匱乏的存在，仍有生存能力？

7 請用表格條列自然與文化之間的差異，並討論這些差異。

第2堂課　如何以效益主義的角度衡量幸福？

1 根據邊沁，為什麼悲傷與歡樂掌控了人類？

2 當我們要核定最多人數的最大可能幸福是什麼時，要採取什麼標準？

3 舉例說明某特定措施對相應的人有何優缺點。

4 彌爾如何界定效益主義？

5 請提出你想過或不想過動物生活的理由。

6 量與質的效益主義之間，差別在哪裡？

7 彌爾認為幸福是什麼？

8 根據彌爾的觀點，人類的共同生活是什麼樣子？哪些先決條件是必要的？

9 根據辛格的論述，他在發展「偏好效益主義」之前，有那些前提？

10 效益主義與偏好效益主義的差異何在？

11 為何殺人不能像毫無問題的殺魚一樣被允許？

12 您可以想像一種辛格也能贊成，殺人不會成為問題的狀況嗎？請提出您的看法。

第3堂課 如何以定言令式法則過生活？

1 請解釋定言令式的基本形式。

2 為什麼康德的倫理思考奠基在善的意願上？

3 按照責任的行為與以責任為出發點的行為之間，有何不同？

4 分辨道德法則的內容與形式有什麼意義？

5 請闡明定言令式與自然定律之間的差異。

6 根據康德，我「應當」讓某事成為一般性法則的標準在哪裡？請舉例闡述。

7 請解釋定言令式人類本質公式的意義。

8 根據康德，人類的自由存在於何處？

第4堂課 為什麼我們需要新倫理學？

1 掙脫桎梏後的普羅米修斯，是什麼意思？

2 請闡述到目前為止，倫理規範的特徵。

3 根據漢斯·約納斯，為什麼我們需要新的倫理規範？

4 請解釋新的定言令式與康德的定言令式的分界？

5 約納斯理解的「恐懼的啟發」是什麼？

第5堂課 我們究竟需要國家做什麼？

1 根據霍布斯的自然狀態，人與人之間的戰爭是什麼？

2 根據霍布斯，應該如何克服自然狀態？

3 請解釋一個有理性、自私的人，在什麼情況下會願意放棄自由，換取安全？

4 根據霍布斯市民的權利，統治者有什麼權力？

5 洛克對自然狀態的描述與霍布斯的有何不同？

6 請闡明洛克對於一個自由憲法國家的概念。

7 請描述自由這個概念對盧梭政治理論的意義。

8 請闡述盧梭直接的、以全民意願為基礎的民主概念。

第6堂課　如何達成世界和平？

1 康德和平論的企圖是什麼？

2 請闡述永久和平的前提條件。

3 根據康德，為什麼政治威嚇不能達到和平？

4 闡明國家內政和國與國之間，自然狀態的類比論。

5 請解釋為什麼建立一個世界共和國，不是和平問題的解決辦法。

6 康德與國際法的思想有何關聯？

7 請描述康德思想對國際聯盟與聯合國的意義。

第7堂課　如何獲得幸福與德行？

1 依據亞里斯多德，所有的人都在追求善？

2 到什麼程度，幸福代表最高的善？

3 為什麼幸福無法透過追求快樂體驗而達到？

4 亞里斯多德如何理解德行？

5 請舉例說明德行如何是兩個極端的適中？

6 按照亞里斯多德，人如何變得有德行？

7 亞里斯多德如何理解沉思的生活形式？

第8堂課　如何理解工作與個人所有物的概念？

1 請描述初始自然狀態中的人類，如何得到個人所有物。

2 在初始自然狀態中與更先進的自然狀態中，個人所有物有何差異？

3 為什麼個人與所有物的概念是相互關連的？

4 持有物與所有物的差別是什麼？

5 請先解釋兩個占有阻礙，然後指明為何兩者會被廢除。

6 根據洛克，經濟是如何運作的？

7 請解釋為什麼所有物的比例在自然狀態中互不相同。

8 為什麼洛克將勞力視為貨物？

9 請討論合理價格的理論。

第9堂課　何謂合理的工資？

1 為什麼依照馬克斯的想法，即使是最好的經濟學家也不能夠判定工作的價值？

2 馬克斯如何定義生產手段與生產成本？

3 古典經濟學理論在界定工作的價值時，有什麼錯誤？

4 馬克斯如何解決古典經濟學家的問題？

5 請解釋剩餘價值。

第10堂課　如何獲得理智與善？

1 請概略描述，柏拉圖洞穴寓言中的四個階段。

2 柏拉圖想藉這四個階段的爬升表達什麼？

3 回歸洞穴代表什麼意義？

4 請概略繪出線段比喻的四個階段，並填入相對應的存在範疇與認知形式。

5 請解釋概念與顯像之間的差別。

6 在太陽比喻中，對象、眼睛、光線與太陽之間的關係何在？請以圖表解釋。

第11堂課　如何證明人類的心智是「尚未書寫的紙」？

1 人如何從經驗中，得到給予他的理性與認知的材料？
2 洛克理解的「理型」是什麼？
3 請闡明感官知覺與自我知覺之間的區別。
4 洛克說的「簡單的概念」是什麼？
5 請舉例解釋什麼是「複雜的概念」。
6 洛克最後還講到「抽象的概念」，他沒有注意到的困難性有哪些？

第12堂課　我們真的能從過去推論未來嗎？

1 休謨如何界定印象（感官印象）和觀念（思維想像）這兩個概念？
2 感官印象為什麼比思維想像還強烈？
3 有哪一些聯結法則？請舉例。
4 根據休謨，什麼是實際真理、什麼是理智真理？
5 因果法則為什麼不能以推理演繹來解釋？
6 為了讓結果與結果之間有因果關係，哪些條件必須被滿足？
7 哪些因果法則的有關問題，休謨用撞球當例子釐清？
8 休謨的因果關係建基在哪裡？

第13堂課　哲學史上重要的哥白尼式轉向

1 請闡明大衛．休謨對康德認知理論的影響。
2 哲學中哥白尼式轉向存在何處？請舉例說明。
3 根據康德，認知的泉源在哪裡？
4 請闡述空間與時間所表達的直觀的純粹形式。
5 請將類別範疇解釋為純粹的思考形式。
6 康德將認知過程分成不同的階段，以圖表顯示。

7 請陳述康德認知理論中，對經驗主義與傳統形上學的意義。

第14堂課　我們只能從錯誤中學習？

1 歸納法問題對波普爾的學說有哪些意義？

2 解釋科學家如何按照波普爾，得到他們的認知。

3 解釋波普爾的可證偽性如何代表真理的標準。

4 依照波普爾，有絕對真理的存在嗎？為什麼有或為什麼沒有？

5 人類心智桶子理論與探照燈理論之間的差異？

第15堂課　我們如何理解「理解」？

1 從內容上、方法上來看，人文科學與自然科學之間存在差異嗎？

2 請闡明「解釋」與「理解」之間的區別。

3 請闡明「理解」、「經驗」與「表達」間的關聯。

4 請舉例說明心智對象如何代表一個自己特有的真實。

5 請描述人文科學如何被歷史影響。

6 狄爾泰所理解的詮釋學是什麼？

參考書目

以下書目主要針對在校學生，故非詳盡完整的專業文獻資料。

哲學史

- 《古今哲學史》，德利烏斯．克里斯托夫
  Delius, Christoph [u. a.]: Geschichte der Philosophie von der Antike bis heute
- 《傾斜的哲學史—那些不跛腳的事！》，法曼．約翰
  Farman, John: Eine schräge Geschichte der Philosophie. Ohne den lahmen Kram!
- 《五十個古今經典哲學家、思想家》，雅各比．埃德蒙
  Jacoby, Edmund: 50 Klassiker. Philosophen. Denker von der Antike bis heute
- 《哲學史》，馬吉．布萊恩
  Magee, Bryan: Die Geschichte der Philosophie
- 《給初學者的圖解哲學史—由拉爾夫．埃德尼說起》，奧斯本．理查德
  Osborne, Richard: Philosophie. Eine Bildergeschichte für Einsteiger
- 《哲學，一場頭腦之旅》，帕皮諾．大衛（編）
  Papineau, David (Hrsg.): Philosophie. Eine illustrierte Reise durch das Denken

字典、百科全書、參考書

- 《青少年哲學百科》，戴爾夫．漢娜
  Delf, Hanna [u. a.]: Jugendlexikon Philosophie
- 《德國國民必讀圖解世界哲學史》商周出版，昆茲曼．彼得
  Kunzmann, Peter [u. a.] (Hrsg.): dtv-Atlas zur Philosophie. Tafeln und Texte. 13., durchges. und korr

- 《杜登學生哲學》，編輯部

  Redaktion Schule und Lernen (Hrsg.): Schülerduden Philosophie

思考延伸與挑戰

- 《蘇菲的世界》木馬文化，賈德・喬斯坦

  Gaarder, Jostein: Sofies Welt. Roman über die Geschichte der Philosophie

- 《有什麼是康德能，我不能?》，蓋爾・曼弗雷德

  Geier, Manfred: Was konnte Kant, was ich nicht kann?

- 《哲學與辛普森：與世界上最著名的電視家庭合作》，歐文・威廉（編）

  Irwin, William (Hrsg.): Die Simpsons und die Philosophie. Schlauer werden mit der berühmtesten Fernsehfamilie der Welt

- 《哲學家的咖啡館：小女孩與教授的哲學書信》究竟出版，K・諾拉／賀斯勒・維多里歐

  K., Nora/ Hösle, Vittorio: Das Café der toten Philosophen. Ein philosophischer Briefwechsel für Kinder

- 《哲學》，勞・斯蒂芬

  Law, Stephen: Philosophie

- 《傻瓜的哲學》，莫里斯・湯姆

  Morris, Tom: Philosophie für Dummies

- 《生活中的難題》，薩瓦特・費爾南多

  Savater, Fernando: Die Fragen des Lebens

- 《哲學基本問題的進一步思考》，史蒂文・沃爾克

  Steenblock, Volker: Die großen Themen der Philosophie. Eine Anstiftung zum Weiterdenken

- 《關於「我們應該如何行動?」的倫理學探討》，圖根哈特・恩斯特

  Tugendhat, Ernst [u. a.]: Wie sollen wir handeln? Schülergespräche über Moral

- 《哲學經典：從柏拉圖到維根斯坦》，沃伯頓・奈傑爾

  Warburton, Nigel: Philosophie. Die Klassiker. Von Platon bis Wittgenstein

哲學直播室

德國公民啟蒙哲學讀本，與柏拉圖、康德、亞里斯多德等大師對談，解構18大經典哲學思想

作　　者　約爾格·彼得斯(Jörg Peters)
　　　　　貝恩德·羅爾夫(Bernd Rolf)
譯　　者　宋淑明
責任編輯　許瑜珊、單春蘭
版面編排　張庭婕
封面設計　逗點創制、韓衣非
資深行銷　楊惠潔
行銷主任　辛政遠
通路經理　吳文龍
總 編 輯　姚蜀芸
副 社 長　黃錫鉉
總 經 理　吳濱伶
發 行 人　何飛鵬
出　　版　創意市集 Inno-Fair
　　　　　城邦文化事業股份有限公司
發　　行　英屬蓋曼群島商家庭傳媒股份有限公司城邦分公司
　　　　　115台北市南港區昆陽街16號8樓

城邦讀書花園　http://www.cite.com.tw
客戶服務信箱　service@readingclub.com.tw
客戶服務專線　02-25007718、02-25007719
24小時傳真　02-25001990、02-25001991
服務時間　週一至週五9:30-12:00，13:30-17:00
劃撥帳號　19863813　戶名：書虫股份有限公司
實體展售書店　115台北市南港區昆陽街16號5樓
※如有缺頁、破損，或需大量購書，都請與客服聯繫

香港發行所　城邦(香港)出版集團有限公司
　　　　　香港九龍土瓜灣土瓜灣道86號 順聯工業大廈6樓A室
　　　　　Tel：(852)25086231　Fax：(852)25789337
　　　　　E-mail：hkcite@biznetvigator.com

馬新發行所　城邦(馬新)出版集團 Cite (M) Sdn Bhd
　　　　　41, Jalan Radin Anum, Bandar Baru Sri Petaling, 57000 Kuala Lumpur, Malaysia.
　　　　　Tel：(603)90563833 Fax：(603)90576622
　　　　　Email：services@cite.my

製版印刷　凱林彩印股份有限公司
初版1刷　2018年7月(原中文書名：哲學叩應：德國人手一本的哲學課參考書，與柏拉圖、康德、亞里斯多德等大師對談，解構18大經典哲學思想)
二版1刷　2024年11月

ISBN 978-626-7488-41-6／定價　新台幣380元
EISBN 9786267488379 (EPUB)／電子書定價　新台幣266元

Printed in Taiwan

※廠商合作、作者投稿、讀者意見回饋，請至：
創意市集粉專　https://www.facebook.com/innofair
創意市集信箱　ifbook@hmg.com.tw

國家圖書館出版品預行編目資料

哲學直播室：德國公民啟蒙哲學讀本，與柏拉圖、康德、亞里斯多德等大師對談，解構18大經典哲學思想／約爾格·彼得斯(Jörg Peters)、貝恩德·羅爾夫(Bernd Rolf)著；宋淑明譯. -- 二版. -- 臺北市：城邦文化事業股份有限公司出版：英屬蓋曼群島商家庭傳媒股份有限公司城邦分公司發行, 2024.11　面；　公分. -- (Redefine 哲史思)
譯自: Kant & Co. im Interview : Fiktive Gespräche mit Philosophen über ihre Theorien.
ISBN 978-626-7488-41-6(平裝)
1.CST: 西洋哲學史
140.9　113013946